HISTÓRIA DA PSICOLOGIA SEM AS PARTES CHATAS

JOEL LEVY

HISTÓRIA DA PSICOLOGIA SEM AS PARTES CHATAS

Tudo o que Você Sempre Quis Saber sobre o Comportamento Humano e nem Freud Conseguiu Explicar

Tradução
MÁRIO MOLINA

Editora Cultrix
SÃO PAULO

Título do original: *Why We Do the Things We Do – Psychology in a Nutshell.*

Copyright © 2015 Michael O'Mara Books Limited.

Publicado pela primeira vez em 2015 por Michael O'Mara Books Limited 9 Lion Yard – Tremadoc Road – London SW4 7 NQ

Copyright da edição brasileira © 2016 Editora Pensamento-Cultrix Ltda.

Texto de acordo com as novas regras ortográficas da língua portuguesa.

1ª edição 2016.

1ª reimpressão 2017.

Editor: Adilson Silva Ramachandra
Editora de texto: Denise de Carvalho Rocha
Gerente editorial: Roseli de S. Ferraz
Produção editorial: Indiara Faria Kayo
Editoração eletrônica: Join Bureau
Revisão: Vivian Miwa Matsushita

Dados Internacionais de Catalogação na Publicação (CIP)
(Câmara Brasileira do Livro, SP, Brasil)

Levy, Joel
    História da psicologia sem as partes chatas: tudo o que você sempre quis saber sobre o comportamento humano e nem Freud conseguiu explicar / Joel Levy; tradução Mário Molina. – São Paulo: Cultrix, 2016.

    Título original: Why we do the things we do: psychology in a nutshell.
    ISBN 978-85-316-1370-8

    1. Mente e corpo 2. Psicologia – História I. Título.

16-07346   CDD-150.9

Índices para catálogo sistemático:
1. Psicologia: História   150.9

Direitos de tradução para o Brasil adquiridos com exclusividade pela
EDITORA PENSAMENTO-CULTRIX LTDA., que se reserva a
propriedade literária desta tradução.
Rua Dr. Mário Vicente, 368 – 04270-000 – São Paulo, SP
Fone: (11) 2066-9000 – Fax: (11) 2066-9008
http://www.editoracultrix.com.br
E-mail: atendimento@editoracultrix.com.br
Foi feito o depósito legal.

Para Mike e Christina, que ajudaram
a tornar este livro possível.

SUMÁRIO

Introdução: as origens da psicologia?................................. 11

O que acontecia com as pessoas loucas na
   Grécia Antiga? 17

Podemos realmente identificar um criminoso pelas
   saliências na cabeça dele? 21

A hipnose é real? 25

O livre-arbítrio é uma ilusão? 29

Quando um charuto não é um charuto? 35

Como isso faz você se sentir?.. 41

O que nos deixa felizes? 45

Por que dormimos?... 49

Por que sonhamos?... 53

Por que gostamos de filmes de terror?................................ 57

Você sabe distinguir água quente de água fria? 61

Você é uma pessoa de cérebro esquerdo ou
   de cérebro direito? 65

Há duas pessoas diferentes na sua cabeça? 69

Isso é um pato ou um coelho? 73

Você viu aquele gorila? 77

De onde vem a linguagem? 81

Podemos pensar em alguma coisa sem palavras? 85

Por que esquecemos? 89

Uma máquina pode pensar? 93

Por que os caras bonzinhos acabam por último? 97

Por que as pessoas são racistas? 101

Você compraria um carro usado desse homem? 105

Por que os carecas não podem ser presidentes? 109

Como pessoas comuns podem cometer crimes de guerra? 113

Por que nos apaixonamos? 119

Você se lembra de ter nascido? 123

Por que os bebês choram tanto? 127

Por que os filhos imitam os pais? 131

Quando as crianças percebem que não desaparecem
   ao tapar os olhos? 135

Como as crianças aprendem a ler? 139

Por que os adolescentes são mal-humorados? 143

Por que algumas pessoas são tímidas? 147

O que os testes de QI realmente medem? 151

O QI tem importância? 155

Os homens são realmente de Marte e as mulheres
    de Vênus? 159

Inato ou adquirido? 163

A tristeza é uma doença mental? 167

Como podemos identificar um psicopata? 171

O que é normal? 175

Por que os soldados têm *flashbacks?* 179

É melhor sentir um pouco menos? 183

Leitura Adicional 187

INTRODUÇÃO:

AS ORIGENS DA PSICOLOGIA?

Psicologia é o estudo da mente. A palavra em si provém da raiz grega *psique*, que significa "mente ou alma", com o sufixo *logia*, do grego *logos*, que significa "o estudo de". O termo "psicologia" só foi criado por volta do século XVI e seu uso só se tornou popular no século XVIII. Na realidade, a psicologia só foi praticada como uma disciplina claramente identificada a partir do final do século XIX. Suas raízes, no entanto, podem ser encontradas muito mais cedo.

Psicologia popular

Todos os seres humanos são o que poderíamos chamar de psicólogos populares ou espontâneos, pois todos examinam, interpretam e predizem seus próprios pensamentos e comportamento, bem como os de outras pessoas. A capacidade de conjeturarmos sobre o que pode estar se passando na mente de outras pessoas e, em função disso, modificarmos nosso pensamento e comportamento é às vezes chamada de inteligência social. Há uma corrente de pensamento que diz que a inteligência humana em geral surgiu da evolução da inteligência social. A expressão "teoria da mente" tem um significado específico em relação à psicologia interpessoal, descrevendo a capacidade de pensar sobre o que outras pessoas estão pensando. Isso é visto como uma ferramenta essencial para as relações interpessoais normais e a incapacidade de corresponder a essa teoria da mente está ligada a transtornos do espectro autista (*ver* página 135). Assim, podemos dizer que nossa "psicologização" cotidiana se encontra na raiz do que nos faz – e nos fez – humanos.

Corpo e cérebro

Práticas no sentido acadêmico ou profissional, precursoras da psicologia, podem ser identificadas em modelos pré-modernos e alternativos da psique e da sua relação com o mundo. Na Grécia Antiga, por exemplo, foi praticada uma forma de terapia do sonho, 2500 anos antes de Freud e Jung (*ver* página 53), nos templos de cura onde pessoas doentes iam orar e fazer oferendas antes de "incubar" sonhos que proporcionavam orientação e intercessão divinas enquanto elas dormiam (*ver* página 18 para mais detalhes sobre o assunto).

A antiga medicina grega revelava aspectos do que hoje se conhece como abordagem holística, reconhecendo o papel da psique na definição da saúde corporal. A medicina medieval e os primórdios da medicina moderna desenvolveram-se a partir de antecedentes clássicos e refletiram esse elemento psicológico em teorias como a dos quatro "humores" – sangue, fleuma, bile negra e bile amarela – que, segundo se acreditava, governavam o ânimo e o caráter. Da mesma maneira, a doença mental era vista basicamente como uma expressão de desequilíbrios fisiológicos.

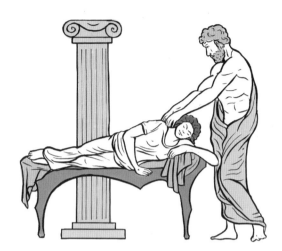

Ao contrário da crença popular, a possessão demoníaca *não* era a causa mais comum a que se atribuía a insanidade. Amostras de registros de "inquisições" medievais (isto é, inquéritos para determinar a sanidade, ou melhor, a "idiotice") mostram que, em geral, havia uma visão clara da loucura como tendo causas físicas, corporais, com quase nenhum apelo a instâncias sobrenaturais. "A loucura era, de modo consistente, percebida como distúrbio do corpo e do cérebro", aponta o historiador medieval David Roffe ("Perceptions of insanity in medieval England", 1998). Sempre que possível, eram atribuídas causas específicas – em 1309, por exemplo, foi dito que Bartholemew de Sakeville tinha se tornado idiota depois de desenvolver uma febre aguda, enquanto em 1349 descobriu-se que Robert de Irthlingborough tinha perdido a memória e ficado louco depois de ser atingido na cabeça por uma lança ao participar de um torneio.

Embora esse modelo da base fisiológica da psicologia ainda fundamentasse o pensamento e as práticas psiquiátricas no século XVIII, a teoria humoral tinha começado, desde a Renascença, a cair em desuso. O maior entusiasmo com a dissecção anatômica, começando com Andreas Vesalius no século XVI, via a doença cada vez mais localizada em pontos específicos do corpo, substituindo o desequilíbrio humoral por "lesões" ou rupturas de tecidos específicos como causa da enfermidade. Ao mesmo tempo, houve uma ênfase crescente nos estados emocionais como causa, em si, de doença mental: por exemplo, desgosto como causa de melancolia ou terror como causa de histeria. No entanto, mesmo hoje, termos como "fleumático" ou "sanguíneo" ainda são usados para caracterizar temperamento e personalidade, demonstrando o longo alcance da teoria dos quatro humores.

Assim, a psicologia esteve ligada à fisiologia. Nos séculos XVI e XVII, obras como os *Ensaios* (1580), de Montaigne, *A Anatomia da Melancolia* (1621), de Robert Burton, e as peças de Shakespeare (1590-1613) colocaram uma ênfase cada vez maior na vida interior da mente, mas houve pouca separação entre psicologia e filosofia.

Uma abordagem científica

Nossa concepção moderna da psicologia surgiu de movimentos como o mesmerismo e a frenologia (*ver* páginas 23 e 25). Embora hoje reconhecidas como pseudociências, essas abordagens contribuíram muito para promover e legitimar o estudo médico e científico da mente. A gênese da ciência psicológica pode ser rastreada até os laboratórios de Wilhelm Wundt que, em 1879, inaugurou o Instituto de Psicologia Experimental da Universidade de Leipzig, na Alemanha. Wundt era formado em medicina e estava determinado a dar à psicologia uma base científica, tendo aprendido o que é agora chamado psicofísica com seu professor

Hermann von Helmholtz. Psicofísica é o estudo da resposta do sistema nervoso a estímulos físicos. Helmholtz investigava temas como os níveis em que a luminosidade da luz ou a intensidade do som tornam-se perceptíveis, e a velocidade de transmissão de impulsos elétricos nos nervos.

Wundt tentou aplicar técnicas semelhantes de quantificação e mensuração precisas aos domínios interiores da mente por meio de uma técnica conhecida como introspecção, que incluía relatos do experimentador sobre suas próprias percepções e pensamentos. O objetivo de Wundt era analisar a percepção, a sensação e o pensamento em suas partes componentes ou estruturas, dando origem à escola de psicologia conhecida como estruturalismo. Wundt tentou contornar a subjetividade inevitável da introspecção treinando seus alunos para serem o mais precisos que pudessem, mas as falhas inerentes a essa técnica acabaram levando à sua crítica devastadora por iniciativa da bem-sucedida escola behaviorista de psicologia (*ver* página 31).

James e o funcionalismo

Por volta da mesma época em que Wundt estava trabalhando na Alemanha, o médico, filósofo e psicólogo William James também estava desenvolvendo a psicologia nos Estados Unidos. Como sua abordagem destacava as funções (finalidade e utilidade) de comportamento e pensamentos, sua escola passou a ser conhecida como funcionalismo. Talvez a maior contribuição de James para a psicologia seja um livro didático crucial de 1890, *Princípios de Psicologia*, que formulou temas de psicologia que ainda hoje são estudados, como a função do cérebro, a consciência e o ego, a percepção, o instinto, a memória e a emoção. Mais tarde, James

quase repudiou a psicologia e seu livro famoso, dando prefe-
rência à filosofia, mas a definição que estabeleceu nos *Princípios
de Psicologia* continua sendo uma das mais conhecidas:

> Psicologia é a Ciência da Vida Mental, tanto de seus fenômenos
> quanto de suas condições... Os fenômenos são aquilo que
> chamamos de sentimentos, desejos, cognição, raciocínio,
> decisões e similares.
>
> Joel Levy

O QUE ACONTECIA COM AS PESSOAS LOUCAS NA GRÉCIA ANTIGA?

A psicologia dos povos pré-históricos é difícil de estudar porque só pode ser inferida a partir de restos arqueológicos. Em termos de psiquiatria (o tratamento médico de pessoas com doenças ou transtornos mentais), a evidência mais marcante da pré-história vem de crânios que haviam sido perfurados e mostravam buracos. Isso é conhecido como trepanação ou trepinação e a interpretação tradicional é que revelava uma crença generalizada de que a doença mental se devia a maus espíritos, que poderiam ser descarregados ou exorcizados pelo fornecimento de uma saída física; daí o furo. É mais plausível, contudo, que a trepanação tenha sido realizada por razões simples e clinicamente apropriadas, como alívio da pressão causada por pancadas na cabeça e remoção de lascas ou de coágulos sanguíneos derivados da mesma causa.

Espíritos malignos

Sabe-se, no entanto, a partir de fontes bíblicas e outros registros históricos, arqueológicos ou escritos de civilizações antigas, que não era raro, na Idade do Bronze, a possessão demoníaca ser vista como causa de distúrbios mentais. Talvez o exemplo mais conhecido venha do Livro de Samuel: "E um espírito maligno vindo do Senhor perturbava [Saul]. E os criados de Saul lhe disseram: Eis que agora um espírito maligno vindo de Deus te atormenta". Na Bíblia, é prescrita a musicoterapia e é enviado um "habilidoso intérprete da harpa". Com frequência, porém, o exorcismo era brutal e traumático, envolvendo tortura sonora e física, espancamentos, fome e outros tormentos destinados a expulsar os demônios. De modo trágico, tais métodos repugnantes são aplicados ainda hoje pelos crentes fundamentalistas em casos de supostas possessões demoníacas.

Mitos e lendas da Grécia Antiga relatam tratamentos igualmente mágicos para a doença mental. O lendário curandeiro Melampo curou Íficles de impotência por uma espécie de análise protofreudiana, em que as raízes de seu transtorno são rastreadas até um incidente no qual Íficles ficava assustado ao ver o pai empunhando uma faca ensanguentada, usada num sacrifício animal. Na lenda grega, a faca era cravada de modo descuidado numa ninfa das árvores, que então amaldiçoava Íficles. Melampo curou Íficles desencravando a faca e fazendo-o beber uma poção de água com a ferrugem da lâmina.

Templos de sonho

Outro curandeiro lendário da mitologia grega e latina foi Esculápio (ou Asclépio), o filho de Apolo com a mortal Corônis, que se tornou o deus da medicina e da cura. Nos templos dedicados ao seu culto, os doentes eram tratados por uma forma de terapia do sono, antecipando mais uma vez técnicas psicanalíticas que só surgiriam 2 mil anos mais tarde. Pacientes perturbados relaxariam

no reconfortante ambiente do templo e, em seguida, "incubariam"'
sonhos, orando aos deuses antes de irem dormir num cômodo
conhecido como *enkoimeteria* ou numa câmara subterrânea chamada
abaton. Os sonhos resultantes eram interpretados – com a ajuda
de sacerdotes terapeutas – para sugerir tratamentos. Os templos de
sonho de Esculápio especializaram-se em diferentes males: o
santuário em Tricca tratava histeria, o de Epidauro curava transtornos mentais com o sangue de Medusa e, em Megara, cuidavam
dos distúrbios emocionais.

Tudo na cabeça

Por fim, a atribuição da doença mental a uma instância sobrena-
tural era suplementada por um modelo que enfatizava causas
naturais, em especial, na escola de Hipócrates (460-377 a.C.).
Ele atribuía os transtornos mentais antes a problemas fisiológicos
em vez de a elementos mágicos ou místicos, localizando esses
problemas no cérebro. A doença mental foi associada a desequilíbrios nos quatro humores (tipos de fluido) que governavam a
personalidade e o ânimo (*ver* página 12). E esses desequilíbrios
foram incorporados ao sistema de classificação de transtornos
mentais que a medicina clássica desenvolveu, aspectos do qual
ainda estão em curso.

Os antigos gregos e romanos descreveram uma série de condições mentais. Entre elas a mania, um estado de euforia e frenesi;
a melancolia, que se assemelha ao que hoje chamamos de depressão; a histeria, manifestada em sintomas físicos sem causas físicas
óbvias (hoje conhecida como transtorno de conversão) e a de-
mência ou declínio intelectual geral. Eles também distinguiram
entre alucinações (ver, ouvir e, no geral, perceber coisas que não
existem) e delírios (falsas crenças).

Tratamentos humanos e racionais para problemas psicológicos foram também propostos. Hipócrates recomendava medidas como vida tranquila, dieta saudável e exercício. E mais tarde, médicos gregos e romanos recorreram a música, massagem, banhos e um ambiente relaxante, acolhedor. Galeno, o médico greco-romano do século II, chegou inclusive a distinguir entre causas médicas, como lesões na cabeça ou alcoolismo, e causas emocionais, como tristeza ou estresse, para a doença mental. O estadista e escritor Cícero desenvolveu um questionário para a avaliação de doença mental que se assemelha a modernas ferramentas de diagnóstico, incluindo perguntas sobre *habitus* (aparência), *orationes* (fala) e *casus* (episódios significativos da vida).

PODEMOS REALMENTE IDENTIFICAR UM CRIMINOSO PELAS SALIÊNCIAS NA CABEÇA DELE?

A resposta a essa pergunta é "provavelmente não", mas essa era uma das reivindicações da pseudociência da frenologia (do grego para "estudo da mente"), que foi popular de fins do século XVIII a fins do século XIX. A frenologia se baseava numa série de crenças fundamentais:

- "O cérebro é o órgão da mente": em outras palavras, a mente se origina do cérebro e está localizada de maneira específica dentro dele.
- Distintas faculdades mentais, como "destrutividade" e "benevolência", estão localizadas em partes específicas ou "órgãos" do cérebro.
- Quanto maior for o órgão do cérebro, mais poderosa e mais dominante a faculdade.
- A "doutrina do crânio": há uma correlação direta entre a forma do cérebro e a forma do crânio ou, nas palavras do eminente frenologista Johann Kaspar Spurzheim (1776-1832), "a forma da superfície interna do crânio é

determinada pela forma externa do cérebro... enquanto a superfície externa do crânio concorda com sua superfície interna".

Assim, órgãos específicos se correlacionam diretamente a inchaços, protuberâncias ou saliências específicas do crânio. Medir ou avaliar essas saliências torna possível determinar o vigor das aptidões naturais num indivíduo. Em outras palavras, as saliências na cabeça de uma pessoa podem ser vistas como reveladoras de seu caráter, características e aptidões.

Organologia

A frenologia originou-se do trabalho do médico e anatomista vienense do século XVIII Franz Joseph Gall, embora ele não tenha usado o termo, que foi cunhado em 1815 pelo médico britânico T. I. M. Forster. Como sua experiência pessoal lhe tinha sugerido uma relação entre olhos esbugalhados e boa memória, Gall começou a procurar outras relações entre traços físicos e faculdades mentais, concentrando-se, por fim, no crânio e no cérebro. O brilhante trabalho anatômico de Gall emprestou credibilidade ao que ele chamava de "organologia" ou "fisiologia do cérebro", mas foi seu aluno Spurzheim quem se tornou o grande propagador da nova disciplina. Spurzheim foi um conferencista muito persuasivo, que chamou atenção para as ramificações positivas do que ele e Gall consideravam ser uma nova ciência, incluindo a possibilidade de treinar as faculdades, efetuando, assim, um autoaperfeiçoamento.

A ciência do homem

A promessa de autoaperfeiçoamento ajudou a transformar a frenologia num movimento popular, mesmo que ela perdesse credibilidade em círculos científicos. Na Escócia, a verdade propagada por Spurzheim foi avidamente assumida pelo filósofo moral George Combe, que passou a popularizar a frenologia na Grã-Bretanha e nos Estados Unidos. A frenologia se harmonizava com as emergentes e cada vez mais educadas classes médias e artesãs, e com o apetite que tinham por uma nova "ciência do homem", como Combe a denominou, racional, mas acessível. Muitas publicações impulsionaram a nova ciência, incluindo, desde 1823, o próprio *Phrenological Journal*, de Combe. Em 1832, havia 29 sociedades frenológicas só na Grã-Bretanha. Em 1846, Combe foi convidado para ir ao Palácio de Buckingham, em Londres, e interpretar as saliências na cabeça dos filhos da rainha Vitória.

Gall tinha postulado 27 faculdades, indo do "impulso de propagação" e "carinho com a prole" à "apropriação indébita" e ao "sentimento religioso". Spurzheim inflou-as para 33; Combe aumentou esse número para 35 e frenologistas posteriores chegaram a sugerir 43 faculdades. Um sistema de classificação foi desenvolvido, com uma hierarquia de "propensões", compartilhadas com os animais, a faculdades intelectuais mais elevadas. Enquanto Gall favorecia o uso das palmas das mãos para "ler" as saliências na cabeça, a prática mais comum era usar os dedos. Por fim, os frenologistas ofereciam aos clientes uma listagem de aptidões, classificadas uma por uma numa escala de 2 a 7 e marcadas como exigindo "cultivo" ou "contenção", junto com um livro de exercícios para atingir exatamente esses resultados.

A parteira da psicologia

Hoje a frenologia tornou-se sinônimo de pseudociência, mas mesmo em sua época a prática foi bastante satirizada. Em termos tradicionais, os historiadores da psicologia rejeitaram-na como aberração, "um embaraçoso *faux pas*", nas palavras de J. C. Flügel, ex-presidente da Sociedade Britânica de Psicologia (1932-1935). Cada vez mais, no entanto, a frenologia está passando a ser vista como uma espécie de protopsicologia, prefigurando muitos temas que estão em curso na psicologia moderna.

Os frenologistas foram os primeiros a sugerir localizações para as funções cerebrais – a ideia de que aptidões mentais específicas se relacionam a partes específicas do cérebro, uma ideia agora central da neuropsicologia, embora a extrema especificidade da frenologia tenha sido rejeitada. A noção de que a parte externa do crânio se relaciona com a forma do cérebro no seu interior e que isso, por sua vez, tenha alguma relação com faculdades mentais específicas é agora amplamente ridicularizada. No entanto, os paleoantropólogos (que estudam seres humanos pré-históricos) têm utilizado medidas de saliências no interior de crânios pré-históricos para mostrar o alargamento das estruturas cerebrais consideradas "áreas de linguagem" e, assim, tirar conclusões sobre a evolução das aptidões da linguagem humana. O conceito frenologista das faculdades mentais também tem encontrado muitos paralelos na psicologia, do módulo de "aquisição da linguagem", de Chomsky (*ver* página 83), aos traços da psicologia da personalidade (*ver* página 97). Por via de regra, a frenologia, juntamente com o mesmerismo (*ver* página 25), recebe agora o crédito de ter antecipado novas ideias e abordagens para o estudo da mente, com base pelo menos em parte em evidências e princípios científicos, agindo assim como uma espécie de parteira para a ciência da psicologia.

A HIPNOSE É REAL?

Apesar de mais de duzentos anos de estudo, ainda não há um entendimento definitivo do que é a hipnose ou de como ela poderia funcionar. Na verdade, as opiniões continuam divididas sobre se existe algo que possamos chamar de hipnose, pelo menos no sentido popular. Mas a hipnose desempenhou um papel essencial no surgimento da psicologia.

Magnetismo animal

Pouco antes do advento da frenologia, a Europa foi varrida por outra onda de entusiasmo em torno do que foi mais tarde descartado como uma pseudociência praticada por charlatães: o mesmerismo, nome que homenageia o médico austríaco Franz Anton Mesmer (1734-1815). Mesmer obteve seu doutorado em 1766 com uma tese que tentava aplicar à fisiologia humana as teorias, de recente popularidade, de Isaac Newton, com sua força invisível, mas cósmica, a gravidade. Ele sugeria que havia algo como uma "gravidade animal". Ao se deparar com o uso de ímãs de ferro como curas médicas, Mesmer fez sua gravidade animal desembocar num "magnetismo animal", uma força fluídica, misteriosa, semelhante ao magnetismo normal, mas que fluía entre os seres vivos e através deles. A manipulação dessa força fluida, com o uso das próprias mãos de Mesmer ou de barras de ferro magnetizadas, poderia curar uma série de problemas, tanto físicos quanto psicológicos.

Mesmer obteve grande sucesso e fama em Viena, mas a hostilidade do *establishment* médico levou-o a se mudar para Paris em 1778. Lá, causou sensação e foi tão solicitado que teve de inventar um dispositivo que lhe permitisse tratar vários pacientes ao mesmo tempo. Esse dispositivo, que chamou de *baquet*, veio na forma de uma tina equipada com garrafas de água "magnetizada" e limalha de ferro, que alimentavam os circuitos humanos de um "círculo magnetizado" ou anel de pessoas de mãos dadas sentadas dentro da tina. A Tina de Mesmer e sua presença carismática produziam efeitos extraordinários nos clientes, em especial nas senhoras. Sua popularidade também inspirou uma hoste crescente de imitadores.

Em 1784, um inquérito da Academia Real das Ciências, conduzido pelo "pai fundador da América" e cientista Benjamin Franklin, concluiu que o magnetismo animal não existia e que o mesmerismo atuava apenas por sugestão. Mesmer deixou Paris e acabou sumindo na obscuridade, mas ainda assim o mesmerismo se espalhou pela Europa e chegou às Américas.

Sono magnético

Um desenvolvimento essencial foi a descoberta, pelo mais importante seguidor de Mesmer, o marquês de Puységur (1751-1825), do que ele chamou de "sono magnético", que se tornou conhecido como sonambulismo e que hoje seria chamado de transe hipnótico.

É um estado aparentemente distinto de consciência em que uma pessoa age como um sonâmbulo. Puységur atribuiu poderes mediúnicos ao sonâmbulo e observou a amnésia que ele tinha da experiência. O sono magnético tornou-se o interesse fundamental do mesmerismo, desviando o foco do corpo para a mente.

Essa nova orientação psicológica foi adotada pelo médico escocês James Braid (1795-1860), que cunhou o termo "hipnose" a partir da palavra grega para o sono, *hypnos*, depois de chamar a atenção para as semelhanças entre estados mesméricos e sono. Braid desenvolveu uma nova técnica para hipnotizar uma pessoa: fazer com que ela se concentrasse numa única ideia, olhando a princípio para um objeto (daí a imagem popular de transe hipnótico induzido por um pêndulo em movimento).

Na França, as ideias de Braid foram retomadas no Instituto Salpêtrière, influente em Paris, onde o psiquiatra pioneiro Jean--Martin Charcot (1825-1893) passou a acreditar que a hipnose estava relacionada com a amnésia e a paralisia exibidas em certas formas de psicose.

A hipnose tornou-se uma ferramenta importante no tratamento de transtornos psiquiátricos e ajudou a levar Sigmund Freud a desenvolver o conceito do inconsciente, mas surgiu uma disputa acerca da natureza desse fenômeno estranho. Seguidores de Charcot, em especial Pierre Janet, desenvolveram o conceito de hipnose como um estado especial envolvendo certo grau de dissociação da consciência (com algumas partes da mente ou da personalidade "indo dormir", enquanto outras continuavam a funcionar). Por outro lado, Hippolyte Bernheim (1840-1919), professor de medicina em Nancy, na França, argumentou que a hipnose estava baseada em processos psicológicos normais, relacionados a sugestão e sugestionabilidade.

Estado ou não estado?

Essas posições contrastantes sobre a natureza da hipnose persistem até hoje. A visão acadêmica dominante, descendendo de Bernheim, é a hipótese do "não estado", que sustenta que a hipnose não é um estado distinto. Em vez disso, ela é vista como uma espécie de comportamento aprendido, um tipo de ato realizado de acordo com um roteiro inconsciente. No entanto, persiste o conceito popular de hipnose, no qual ela é encarada praticamente nos mesmos termos que o sonambulismo do marquês de Puységur: um estado alterado de consciência quase místico, em que fenômenos estranhos se tornam possíveis.

O LIVRE-ARBÍTRIO É UMA ILUSÃO?

Quando tomamos uma decisão ou realizamos uma ação parece com certeza que optamos por agir assim e que, se quiséssemos, poderíamos ter feito outra escolha. Por exemplo, se confrontados com um pedaço de carne podre, com toda a probabilidade optaríamos por não comê-lo, mas poderíamos ter optado por comer, fazendo tal opção por nosso próprio livre-arbítrio. Poderíamos ou não?

Há uma poderosa corrente de pensamento, chamada determinismo, que sugere que nossa ação é determinada por fatores preexistentes, como ter aprendido, por meio de amarga experiência, que carne podre faz mal, ou por instintos naturais, que evoluíram durante milhões de anos e que, ao serem estimulados pela visão e pelo cheiro de podre, disparam uma resposta de aversão. Assim, nosso comportamento poderia ter sido previsto e qualquer ideia de que poderíamos ter feito outra escolha é pura ilusão.

O fantasma na máquina

O debate entre livre-arbítrio e determinismo é uma das questões mais profundas da filosofia, mas não é apenas um assunto para estudiosos em torres de marfim. Levanta o ponto crucial de saber se a psicologia é ou pode ser uma ciência, que foi a questão definidora do nascimento da psicologia. O verdadeiro objetivo da psicologia é encontrar um modo científico de encarar a mente e o comportamento; e tudo começou quando o estudo da mente ultrapassou a filosofia e penetrou o laboratório de Wilhelm Wundt (*ver* página 14) em 1879.

Havia, porém, uma contradição fundamental no centro do projeto de Wundt. Ele quis reivindicar a pompa e o rigor da ciência para a psicologia, mas seu tema era o funcionamento interior da mente, que tentou interrogar pelo método da introspecção. Wundt acreditava que disciplina e treinamento poderiam equipar quem o praticava com o rigor suficiente para obter um relato objetivo da vida interior da mente, mas isso era uma falácia: a introspecção só pode ser subjetiva.

Na verdade, o conceito de livre-arbítrio apresenta um problema mais profundo para a reivindicação da psicologia de ser uma ciência. A explicação científica de um fenômeno requer algum grau de consistência e previsibilidade. Toda bola caída de uma torre terá a mesma taxa de aceleração; a água, dentro de certo padrão de temperatura e pressão, sempre vai ferver a 100 °C (212 °F) e congelar a 0 °C (32 °F). Se as variáveis são as mesmas, o experimento pode ser replicado e o resultado será o mesmo. Mas livre-arbítrio significa que variáveis idênticas podem levar a resultados completamente opostos. O filósofo Ted Honderich define a doutrina do livre-arbítrio dizendo que "numa determinada ocasião, com o passado assim como era e o presente e nós mesmos assim como somos, podemos escolher ou decidir o oposto do que na verdade escolhemos ou decidimos" (*How Free Are You*, 2002). Como é incognoscível, o mecanismo do livre-arbítrio não está aberto a qualquer tipo de investigação científica. O livre-arbítrio, tal como sentimentos, emoções, ideias, pensamentos e o próprio sentido de "eu" que cria uma consciência de si, é como o fantasma na máquina da mente, afetando seu funcionamento de maneira misteriosa.

Cães de Pavlov

Considerações como o debate livre-arbítrio *versus* determinismo levaram a uma rejeição completa da introspecção de Wundt pelo movimento chamado behaviorismo, cujos membros restringiam seu estudo a fenômenos psicológicos observáveis – comportamento –, desprezando os fenômenos internos do pensamento, impossíveis de observar. O behaviorismo foi inspirado pelos famosos experimentos de Ivan Pavlov, que mostraram que os cães podem ser condicionados a produzir, de modo confiável e previsível, o mesmo tipo de reação (salivar) em resposta ao mesmo estímulo (uma campainha tocando). Os experimentos de Pavlov podem ser expressos em fórmulas similares às da química ou da matemática; por exemplo, estímulo neutro associado a estímulo não condicionado provoca resposta não condicionada e se torna NS + UCS = UCR.*

A demonstração de condicionamento feita por Pavlov, um processo de aprendizagem pelo qual um organismo (humano ou animal) é treinado para produzir um comportamento específico

---

* *Neutral stimulus + unconditioned stimulus = unconditioned response* [estímulo neutro + estímulo não condicionado = resposta não condicionada].

em resposta a um estímulo específico, instigou o psicólogo americano John B. Watson a anunciar uma nova abordagem para a psicologia com seu manifesto de 1913: "A Psicologia como o Behaviorista a Vê". Nesse texto, Watson insiste que a psicologia deveria ser "uma ciência natural puramente objetiva" e rejeita "a interpretação em termos de consciência". O behaviorismo tornou-se o paradigma dominante da psicologia até os anos 1960 e continua sendo importante nos dias de hoje.

Os criminosos são responsáveis por suas ações?

Um aluno de Watson, B. F. Skinner, tornou-se mais tarde o mais ardente defensor do behaviorismo, desenvolvendo o que chamou de "behaviorismo radical". Ele rejeitou o conceito de livre-arbítrio como uma ilusão em seu livro *Beyond Freedom and Dignity* (1971), afirmando que as visões tradicionais da autonomia da pessoa tinham de ser reexaminadas à luz das "relações de regulagem entre comportamento e ambiente" reveladas pela ciência. Em outras palavras, todas as nossas concepções normais de responsabilidade, entre elas a responsabilidade criminal, deveriam ser reexaminadas. Skinner aplicou esse raciocínio à própria vida, insistindo: "Eu não dirigi a minha vida. Não a planejei. Nunca tomei decisões. As coisas sempre aconteceram e tomaram as decisões para mim. É assim que a vida é".

Determinismo moderado

A completa rejeição por Skinner da autonomia humana, que relega a consciência à condição de um efeito colateral ou ilusão, foi rejeitada por muitos outros movimentos em psicologia e acabou desacreditada. Mas permanece o desafio colocado pelo livre-arbítrio às reivindicações da psicologia de ser uma ciência. Hoje a maioria dos psicólogos adota uma posição conhecida como "determinismo moderado", em que é aceito que os indivíduos respondem de modo ativo às influências internas e externas, mas que suas opções são sempre informadas por algum grau de pressão biológica ou ambiental.

QUANDO UM CHARUTO NÃO É UM CHARUTO?

É crença popular que Sigmund Freud tenha dito que "às vezes um charuto é apenas um charuto". De fato não existe nenhum registro de que ele tenha dito isso alguma vez e, na realidade, a frase apareceu pela primeira vez na imprensa nos anos 1950, muito depois de sua morte. O que Freud disse, no entanto, era que objetos como charutos – e praticamente qualquer outra coisa em que possamos pensar – agem como representações simbólicas do falo (ou pênis) para a mente inconsciente. Portanto, a resposta curta a essa pergunta é que um charuto não é um charuto quando é um símbolo fálico.

A teoria de Freud do inconsciente (símbolos fálicos incluídos) representou um grande desenvolvimento na história da psicologia, com profunda influência sobre a cultura humana em geral e a sociedade. Paradoxalmente, o impacto da psicanálise, filosofia da psicologia e método de tratamento de Freud, é hoje maior fora da psicologia que dentro dela.

O método catártico

Freud veio da tradição de Helmholtz e da psicofísica (*ver* página 14), com formação em neurologia e medicina. Judeu austríaco, sua ambição de ser um cientista pesquisador foi frustrada pelo antissemitismo e, em 1885, ele se mudou para Paris a fim de estudar com Charcot e aprender hipnose. Freud queria entender o que causava, e como tratar, transtornos neurológicos em que os pacientes apresentavam sintomas físicos sem qualquer doença física subjacente (conhecidos como "transtornos funcionais"). A hipnose ajudou Freud a começar a desvendar a psicologia por trás de tais sintomas, mas ele descobriu que nem todo mundo era receptivo a seus métodos.

Freud voltou-se, então, para uma abordagem utilizada por outro médico e neurofisiologista vienense, seu mentor Josef Breuer. Breuer usava uma cura pela palavra que chamava de "método catártico", que Freud transformou em "livre associação". O paciente expressa ideias em voz alta assim que elas ocorrem, passando de uma a outra com o mínimo possível de edição consciente. Freud acreditava que as associações revelavam sentimentos, desejos, ansiedades e impulsos não acessíveis à mente consciente.

A psicanálise e o inconsciente

Observando a si mesmo e a seus pacientes, Freud começou a formular uma teoria abrangente da personalidade e do desenvolvimento psíquico que poderia ser usada para informar a psicoterapia, mas também para explicar cada aspecto da cultura humana. Expôs sua teoria emergente numa série de obras cruciais no início do século XX, entre elas *A Interpretação dos Sonhos* (1899), *Sobre a Psicopatologia da Vida Cotidiana* (1901) e *Três Ensaios sobre a Teoria da Sexualidade* (1905).

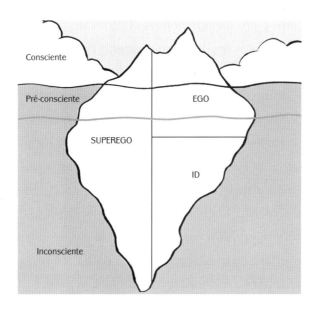

Freud via a personalidade humana como um iceberg, encontrando-se a maior dela abaixo da superfície da consciência. Como tal, não é acessível a interrogatório consciente, ainda que governe a mente consciente. Nesse reino escuro se esconde toda sorte de pensamentos e sentimentos excessivamente perigosos ou transgressores para a mente consciente admiti-los a plena luz, ainda que com frequência eles nadem para a superfície. Quando isso acontece, aparecem na mente consciente como símbolos, o que é particularmente provável de acontecer em sonhos, livre associações, devaneios e fantasias.

Símbolos fálicos

Como o pênis é um dos elementos centrais do sistema de Freud, ele e seus seguidores tendiam a interpretar como fálica uma gama extraordinária de símbolos. O próprio Freud acreditava que qualquer coisa, de um guarda-chuva a uma lâmpada pendurada ou um zepelim, podia ser um símbolo fálico. E claro, quanto aos charutos em si, eram de fato interpretados como símbolos fálicos. Eric Hiller, relatou na *Revista Internacional de Psicanálise*, em 1922, que: "Cigarros e charutos podem simbolizar o pênis... Eles emitem fumaça... = sêmen... [O charuto] é assim um substituto do pênis..." Freud certa vez admitiu que seu vício de fumar charutos (que acabaria resultando em câncer de boca) podia ser uma espécie de compensação para a masturbação compulsiva de sua infância.

O complexo e polêmico modelo da personalidade e de seu desenvolvimento defendido por Freud dividia a personalidade no "id", uma violenta tempestade de impulsos e desejos infantis e animais, o "superego", mais ou menos equivalente à consciência, e o "ego", o módulo executivo, que tenta equilibrar as demandas do id, do superego e do mundo exterior. Freud afirmava que a mente infantil é toda id, com o ego se desenvolvendo através do conflito com o mundo exterior e o superego resultando do trauma psíquico associado à aprendizagem sobre genitália masculina e feminina.

Embora rejeitado nos dias de hoje pelo campo da psicologia como explicação pseudocientífica com pouca base em evidências, o sistema de Freud engendrou uma poderosa ferramenta terapêutica sob a forma de psicoterapia psicanalítica. Suas teorias se difundiram pela Grã-Bretanha e pelos Estados Unidos, infiltrando-se em todos os rincões da cultura, da crítica literária aos filmes de Hollywood e à publicidade na televisão. Muitas de suas criações, e as de seus seguidores, como Carl Jung e Alfred Adler, penetraram na cultura popular, do "ato falho freudiano" ao "complexo de inferioridade".

COMO ISSO FAZ VOCÊ SE SENTIR?

Em 1966, um cientista da computação teutoamericano, Joseph Weizenbaum, usou um programa simples de apenas 200 linhas de código para criar "ELIZA", um dos primeiros *chatbots* – um simulacro artificial de alguém com quem você pode ter uma conversa digitando palavras num computador. ELIZA recria uma forma muito específica de conversação: aquela entre um terapeuta humanista ou centrado na pessoa e um cliente. O programa ELIZA tomava apenas fragmentos das respostas do usuário humano e reformulava-os como perguntas, concretizando uma versão dramaticamente simplificada da ferramenta de psicoterapia humanista conhecida como "escuta reflexiva". Então, se você digitou, por exemplo, "me sinto triste", ELIZA poderia responder dizendo: "Há quanto tempo você está triste?"

Extrema exposição

Embora equipado com alguns truques inteligentes para sair de problemas, como por exemplo uma mudança de assunto, ou sendo capaz de pedir ao usuário humano para esclarecer, ELIZA é muito restrito, constituindo, na melhor das hipóteses, o simulacro bruto de um terapeuta. O programa, no entanto, se mostrou muito bem-sucedido ao convencer usuários de que eles estavam interagindo com um terapeuta real e ao provocar sua extrema exposição. Weizenbaum descobriu que o pessoal não técnico de seu escritório, incluindo sua secretária, passava horas revelando problemas pessoais ao programa. Quando mostrou à secretária que podia ler todas as conversas dela com o *chatbot*, ficou chocado ao descobrir como ela ficou irritada com a invasão de privacidade e ao ver como uma pessoa real podia criar um vínculo tão profundo com algumas linhas de um programa de computador.

ELIZA foi encarado como crítica severa do estilo psicoterapêutico para cuja imitação ele foi construído. Na verdade, qualquer um pode parodiar a terapia de escuta reflexiva perguntando a alguém: "Como isso faz você se sentir?", e depois repetindo a pergunta em reação a cada resposta. A psicologia humanista, no entanto, foi um grande avanço na história da psicologia e é possível que continue sendo o paradigma dominante da psicoterapia hoje. Então, o que está por trás disso?

A terceira força

A psicologia humanista começou como uma reação tanto à rejeição categórica pelo behaviorismo do livre-arbítrio e da consciência, quanto à sombria representação que Freud fazia da vida como uma batalha entre impulsos repugnantes e complexos furtivos. Ambas as escolas de pensamento são mais ou menos deterministas e os psicólogos humanistas procuravam o que Abraham Maslow chamava formalmente de "Terceira Força", que respeitava a autonomia do indivíduo e o senso que ele tem de si mesmo.

O livro do psicólogo britânico John Cohen, *Humanistic Psychology* (1958), deu ao movimento um de seus nomes, mas como forma de terapia o movimento é também conhecido como terapia centrada na pessoa ou no cliente. Seu expoente mais conhecido foi o psicoterapeuta americano Carl Rogers, que procurou redirecionar a psicologia para a experiência, o sentido e a opção humanos.

A psicologia humanista é em geral mais positiva que as duas escolas a que ela se opõe, o behaviorismo e a psicanálise, enfatizando o potencial do indivíduo para alcançar a realização pessoal (o objetivo de se tornar uma pessoa satisfeita e psicologicamente integrada). Seus críticos dizem que a psicologia humanista é filosofia, não ciência, construída sem provas e impossível de ser testada.

A hierarquia das necessidades

Abraham Maslow desenvolveu a hierarquia das necessidades, um modelo que descreve as necessidades que motivam o comportamento, geram valores e dão sentido à vida.

As necessidades básicas variam de simples necessidades físicas, como alimento e segurança, àquelas um pouco mais complexas, como autoestima e a necessidade de ser amado. Necessidades mais elevadas ou "metanecessidades", incluindo justiça, autonomia, integridade e beleza, contribuem para o supremo objetivo humano de realização pessoal, que requer qualidades que vão de senso de humor a uma profunda autoconfiança. Mas, além disso, vêm necessidades como descoberta, transcendência e estética, que podem levar a experiências de pico: momentos de transcendência e harmonia, também conhecidos como sentimento oceânico.

O QUE NOS DEIXA
FELIZES?

Versões dessa pergunta têm sido a preocupação de filósofos desde a época clássica, mas estiveram de modo surpreendente fora dos interesses da psicologia na maior parte de sua história. Contudo, a partir da década de 1980 e ganhando força no novo milênio, a psicologia da felicidade – conhecida também como psicologia positiva, psicologia ideal e terapia do bem-estar – tornou-se uma das iniciativas de mais rápido crescimento, mais empolgantes e inovadoras do campo.

Fluxo e as pessoas belas

As raízes da psicologia positiva se encontram no movimento Terceira Força, de Maslow (*ver* página 42). A Terceira Força identificou, como aspirações supremas da psicologia humana, a realização pessoal, a experiência de pico e a transcendência no que Maslow chamava de "reino Z". Nas décadas de 1980 e 1990, o psicólogo húngaro-americano (e guru da psicologia positiva)

Mihaly Csikszentmihalyi desdobrou o conceito de experiências de pico no conceito de "fluxo".

Outras vertentes da psicologia humanista desenvolveram conceitos semelhantes ou relacionados. Em 1961, Carl Rogers descreveu a "pessoa em funcionamento pleno" como alguém em contato com seus sentimentos mais profundos, no que Rogers chamou de "experiências organísmicas". Em 1968, o doutor Ted Landsman, psicólogo clínico, descreveu a "Pessoa Bela e Nobre", um arquétipo do ser humano funcionando de forma otimizada. Apesar desses antecedentes, a psicologia permaneceu concentrada em aspectos mais negativos da psicologia humana, como doença mental, ansiedade, preconceito e polarização. Uma análise de George E. Vaillant, psiquiatra de Harvard, sobre o que ele descreve como "um manual psiquiátrico padrão usado por psiquiatras e psicólogos clínicos", identificou que, de cerca de um milhão de linhas de texto, apenas cinco discutiam esperança e só uma abordava alegria, sem uma única menção de amor ou compaixão.

Construir o que é forte

Até certo grau em resposta a esse viés negativo, um dos principais arquitetos da psicologia positiva, o psicólogo Martin E. P. Seligman, da Universidade da Pensilvânia, decidiu adicionar uma abordagem, descrita por ele como "construir o que é forte", ao programa "consertar o que está errado", que é padrão na psicoterapia tradicional. A psicoterapia positiva de Seligman procura ajudar os clientes a construir emoção positiva, força de caráter e um senso de significado. Em seu livro *Flourish* (2011), desenvolveu um modelo que chamou de PERMA, um acrônimo para emoção positiva, compromisso, relacionamentos, significado e realização – elementos de uma vida plena. Uma abordagem relacionada é a "terapia do bem-estar", desenvolvida por Giovanni Fava, doutor em medicina pela Universidade de Bolonha, Itália, que propõe seis princípios para a felicidade: domínio do ambiente, crescimento pessoal, objetivo na vida, autonomia, autoaceitação e relacionamentos positivos.

A pesquisa respalda a eficácia e a validade da psicologia positiva. Os métodos terapêuticos de Seligman resistem ao escrutínio em experimentos duplo-cegos (o teste mais rigoroso) e pelo menos um grande estudo mostra que a felicidade está relacionada à longevidade. Uma pesquisa de 2012, baseada no Estudo Longitudinal de Envelhecimento Inglês, que desde 2002 vem reunindo dados sobre saúde e bem-estar em 11 mil pessoas com mais de 50 anos, mostrou que maior satisfação com a vida estava associada a um risco de morte 28% menor.

Seja positivo

Experimente estes exercícios e dicas da psicologia positiva:

◆ Faça uma lista de coisas boas: em vez de uma lista "de coisas a fazer", prepare uma lista de "coisas que eu fiz". Seligman aconselha os clientes a se sentarem todas as noites e anotar pelo menos três coisas boas que aconteceram e por quê.

◆ Destaque o positivo: Seligman concebeu um questionário que mede 24 pontos fortes do caráter. Identifique seus cinco maiores pontos fortes, suas cinco maiores qualidades positivas ou emoções e anote.

◆ Pratique seus pontos fortes: use pelo menos um de seus maiores pontos fortes ao menos uma vez por dia.

◆ Faça agradecimentos: reconhecer o positivo nos outros faz com que eles se sintam melhor e faz você se sentir melhor. Seligman nos aconselha a fazer "visitas de gratidão", em que escrevemos uma carta para alguém explicando como estamos agradecidos por algo positivo que a pessoa fez e depois lemos a carta para ela ouvir (pessoalmente ou ao telefone).

POR QUE DORMIMOS?

A resposta curta é que ninguém sabe por que dormimos, embora existam muitas teorias que são mais ou menos apoiadas pelas evidências. Todas as teorias se esforçam para explicar a característica-chave do sono, o fato de ele ser fisiológica e neurologicamente diferente do simples descanso. Quer dizer, o sono é um estado especial e distinto de consciência durante o qual o corpo, o cérebro e a mente se comportam de modo muito singular.

Sono REM

As principais alterações provocadas pelo sono estão no nível e padrão da atividade do cérebro, bem como numa redução geral nos níveis da maioria dos processos corporais (mas não de todos). Esse quadro global, no entanto, é complicado pelo fato de que os mamíferos (incluindo os humanos) e aves experimentam duas fases distintas de sono: o sono do movimento rápido dos olhos (REM) e o sono não REM (NREM). O primeiro se caracteriza por um maior estímulo do cérebro e de diversos sistemas do corpo, enquanto o segundo é em geral muito mais contido.

A existência do sono REM apresenta um grande problema para as teorias que sugerem que a função do sono é economizar energia e recursos mentais, já que o sono REM faz o contrário. Na verdade, é um equívoco comum dizer que o sono envolve um desligamento dos processos cerebrais e corporais. Não há nenhuma evidência de que qualquer grande órgão ou sistema do corpo seja desligado durante o sono: trata-se de um processo ativo.

Uma coisa que sabemos com certeza é que o sono é tão essencial à sobrevivência quanto o ato de comer. Ratos privados de sono morrerão no prazo de duas a três semanas, mais ou menos a mesma extensão de tempo que levam para morrer de fome. Até mesmo a privação apenas do sono REM acaba sendo fatal: ratos com uma vida normal de dois a três anos vão sobreviver somente cinco meses quando privados do sono REM.

Pressão do sono

Os humanos que tentam permanecer acordados experimentam a "pressão do sono", uma vontade cada vez mais poderosa de dormir. A pressão do sono se acumula durante o dia, tornando-se muito difícil de ser enfrentada quando a pessoa fica mais de dezesseis horas sem dormir. Depois que dormimos, no entanto, a pressão diminui rapidamente, sendo redefinida para zero. O mecanismo real por trás disso é misterioso, mas um importante sinal químico, a molécula adenosina, parece ser um importante agente de sonolência. A cafeína liga-se aos receptores de adenosina (estruturas que são como interruptores nas células nervosas e podem ser "ligados" pela adenosina, o que vai afetar a sinalização dessas células) e os bloqueia. Este parece ser um dos meios pelos quais a cafeína interrompe e retarda o acúmulo da pressão do sono, aumentando o estado de alerta.

O sono parece ubíquo. Tem sido constatado que quase todos os animais dormem de uma forma ou de outra, embora seja difícil comparar o sono de insetos e peixes com o de répteis, mamíferos e aves, pois a atividade cerebral é muito diferente nesses animais. Contudo, mesmo a humilde mosca-das-frutas é afetada por agentes que perturbam o sono, de modo semelhante ao que acontece com mamíferos. Alguns animais, como os golfinhos, podem manter um lado do cérebro desperto enquanto o outro dorme; presumivelmente, para que não se afoguem.

Necessário mas não suficiente

Os animais que são impedidos de dormir ficam doentes, com sistemas imunológicos suprimidos e feridas que não cicatrizam. Pessoas que adoecem precisam dormir mais. Evidências como essas sugerem que o sono é importante para a recuperação do corpo e permite que ele poupe recursos. Animais que usam maior quantidade de energia dormem mais. Pessoas que são impedidas de dormir, sobretudo as impedidas de ter um sono REM, passam a ter problemas de memória e falhas de pensamento, o que indica que o sono ajuda no processamento das memórias e no aprendizado. Bebês dormem mais que adultos, o que sugere que o sono é importante para o desenvolvimento do cérebro. Em outras palavras, há evidências de que o sono é necessário para muitas funções, mas não há uma teoria específica que seja suficiente para explicar todos os aspectos do sono.

POR QUE SONHAMOS?

Como acontece com o sono, sonhar é um fenômeno psicológico muito importante que resiste às explicações. Apesar das afirmações de Freud, ninguém sabe por que sonhamos. Mas, desde os anos 1950, investigações dos sonhos em laboratório têm revelado os fascinantes aspectos físicos do ato de sonhar.

A estrada régia

Médicos antigos usavam sonhos como ferramenta psicológica em sua terapia, encorajando ou "incubando" sonhos em templos de sonho (*ver* página 18). Os sonhos se tornaram centrais na psicologia com a obra de Sigmund Freud, que sustentou que "a interpretação de sonhos é a estrada régia para um conhecimento das atividades inconscientes da mente". Carl Jung acreditava que, nos sonhos, a psique individual tinha acesso ao inconsciente coletivo, de modo que os arquétipos podiam perambular, disfarçados em vários tipos e formas, pela paisagem onírica. A teoria psicanalítica dos sonhos encarava os sonhos como manifestações necessárias do inconsciente; uma espécie de caixa de areia na qual impulsos e fantasias, medos e desejos podiam contracenar e, de modo crucial, ansiedades e conflitos podiam ser trabalhados e resolvidos.

A neurociência do sonho

No entanto, Freud e os psicanalistas pouco sabiam da verdadeira mecânica do sonho e só com uma série de estudos de ponta, no final dos anos 1950, a neurociência do sonho começou a ser descoberta. O chamado "pai da pesquisa americana do sono", doutor Nathaniel Kleitman, descobriu o sono REM (*ver* página 49) em 1953 e, em 1957, ele e William Dement provaram que o sono REM está intimamente associado ao ato de sonhar (*ver* página 55).

Desde então, a pesquisa tem descoberto muitas características importantes de sonhar. Por exemplo, sabemos agora que os sonhos em geral apresentam temas que estão, naquele momento, afetando o sonhador, incluindo aspectos da vida diária, como novidades dos noticiários, músicas ouvidas e estresse doméstico. Os sonhos ocorrem muitas vezes na primeira pessoa e tendem a ser muito emocionais, destacando em particular as emoções negativas. Apesar desse conteúdo extremamente emocional, cerca de 99% dos sonhos são esquecidos momentos depois de a pessoa acordar.

Essa última descoberta lança dúvida sobre a explicação psicanalítica do sonho. Se os sonhos atuam para nos ajudar a resolver conflitos e superar ansiedades, não seria útil nos lembrarmos deles? Uma guinada mais moderna na visão psicanalítica do estado onírico como caixa de areia psíquica é ver o sonho como uma espécie de simulador de realidade virtual, oferecendo à mente, sobretudo a seus aspectos menos conscientes, a oportunidade de experimentar cenários ameaçadores como uma espécie de esquema de treinamento.

Quando sonhamos?

Em 1957, num laboratório do sono da Universidade de Stanford, William Dement e Nathaniel Kleitman decidiram verificar se estavam corretos em sua hipótese de que o sonho acontece durante o sono REM. Recrutaram sete homens e duas mulheres, ligaram-nos a eletrodos no couro cabeludo para medir as ondas cerebrais e a eletrodos no rosto para medir a atividade do músculo ocular. Depois os colocaram para dormir num aposento tranquilo, escuro.

Os sujeitos do experimento foram acordados em diferentes períodos – alguns durante o sono REM, outros durante o sono não REM – e perguntaram se eles poderiam relatar algum sonho. Os resultados foram incríveis. Em 80% dos casos de quem foi despertado durante o sono REM, os sonhos puderam ser relatados, mas durante o sono NREM o índice foi de apenas 6%. Curiosamente, os pesquisadores ainda constataram uma correlação entre a direção dos movimentos dos olhos do sonhador durante o sono REM e a natureza do sonho. O participante que foi detectado com movimentos oculares lado a lado relatou um sonho onde observava duas pessoas atirando tomates uma na outra!

POR QUE GOSTAMOS DE FILMES DE TERROR?

A popularidade duradoura dos filmes de terror e dos filmes de suspense traz um paradoxo psicológico: quanto mais assustador o filme, mais as pessoas gostam dele. Outras formas populares de entretenimento assustador incluem programas sobre casas mal-assombradas, viagens em trens fantasmas e em apavorantes montanhas-russas. Como na área desses tipos de entretenimento, há uma diversidade de experiências em oferta, de temor crescente a sustos bruscos, de emoção eletrizante a uma aversão horrorizada, pode não haver uma resposta simples à pergunta (estudos de filmes de terror, por exemplo, têm encontrado problemas ao se concentrarem exclusivamente em, digamos, filmes com assassinos psicopatas e excluindo o terror psicológico). Mas aqui, sem a menor dúvida, há um fenômeno generalizado em ação; será que a psicologia pode explicá-lo?

Fatores do medo

Uma das primeiras coisas a observar sobre filmes de terror e a emoção com que eles jogam é que o medo é uma das emoções mais universais, com um elevado grau de correspondência transcultural entre os fatores que o influenciam. Por exemplo, um espectador de filme de faroeste pode achar uma comédia coreana incompreensível pelo fato de ela estar apoiada em metáforas socioculturais exóticas, mas reconhecerá e reagirá quase sem esforço a um filme de terror coreano. A cultura comum do medo provavelmente reflete as origens evolutivas de respostas emocionais inatas. Um estudo de 2010, feito por Nobuo Masataka e outros, demonstrou os efeitos do que é conhecido como "aprendizagem preparada", mostrando que, mesmo crianças de apenas 3 anos, vivendo numa cultura urbana, identificam cobras numa imagem apresentada em tela muito mais depressa do que identificam flores e reagem ainda com mais rapidez quando as cobras mostradas estão armando o bote.

As raízes evolutivas desse tipo de reação são óbvias – o medo atávico da predação. Outros elementos comuns da nossa reação de medo, como medo de contágio e medo de violação pessoal, têm talvez origens evolutivas igualmente fáceis de compreender. Em 2004, Hank Davis e Andrea Javor, da Universidade de Guelph, localizada em Ontário, no Canadá, pediram que os participantes de um estudo avaliassem quarenta filmes de terror de acordo com esses três itens (predação, contágio e violação pessoal) e encontraram uma forte correlação entre o sucesso de bilheteria dos filmes e pontuações altas nessas categorias. Em outras palavras, os filmes de maior sucesso são na verdade aqueles que melhor penetram em nossos medos mais primitivos ou no que Davis chama "nossa maquinaria cognitiva evoluída".

Isca do id

Isso pode explicar por que esses tipos de filmes são assustadores, mas não por que as pessoas se divertem tendo uma experiência que parece desagradável. O influente ensaio de Freud sobre "O Estranho" (1919) engendrou uma rica tradição de explicações psicodinâmicas (aquelas que recorrem à filosofia psicodinâmica da psicologia, que se originou da psicanálise de Freud, Jung e outros – *ver* página 38). Na tradição freudiana, o horror ressuscita sentimentos há muito enterrados e desejos proibidos, proporcionando a emoção substituta de um mergulho no id. Entretanto, para os junguianos, o apelo de histórias de terror está na comunhão com arquétipos – modelos culturais primordiais arraigados na psique coletiva, que desencadeiam uma profunda ressonância emocional.

As teorias de Freud e Jung são encaradas pela comunidade mais ampla da psicologia como filosofias em vez de hipóteses científicas testáveis. Tentativas mais recentes de explicar o apelo de filmes de terror têm incluído a hipótese de "transferência da estimulação", levantada por Dolf Zillmann nos anos 1970. Zillmann sugeriu que as audiências do cinema de horror sentem-se bem no final de um filme, quando a tensão foi aliviada e o bem triunfou, numa versão moderna da antiga noção grega de catarse. A falha óbvia nessa teoria é que em muitos filmes de terror não há qualquer resolução otimista.

Outra teoria é que filmes de terror cumprem uma função similar àquela que, às vezes, é atribuída aos sonhos: seriam uma espécie de ensaios de realidade virtual para enfrentar cenários de ameaça da vida real. Ao experimentar o medo num universo ficcional, podemos nos preparar para lidar com ele no mundo real.

O efeito do aconchego

Em 1986, Zillmann, Norbert Mundorf e outros publicaram um estudo mostrando que estudantes do sexo masculino gostavam mais de um filme de terror se as garotas que o assistissem com eles se mostrassem nervosas, enquanto estudantes do sexo feminino gostavam mais do filme se os rapazes que o assistissem com elas se mantivessem impassíveis e serenos. Um estudo clássico dos anos 1960 mostrou que homens que encontravam uma garota numa ponte pênsil que balançava, uma situação que gera medo, ficavam mais atraídos por ela que aqueles que encontravam a garota em solo firme, sugerindo um efeito de avaliação deformada que pode surgir quando uma estimulação intensificada (no sentido fisiológico, com bombeamento de adrenalina) é convertida em impressões de atração sexual.

Talvez algo parecido entre em ação quando os casais vão assistir a filmes de terror, no que foi rotulado de "efeito do aconchego". Pode até acontecer que a combinação da reação intensificada despertada por um filme assustador com o ambiente seguro, controlado, quando se assiste a um filme de ficção, torne possível um tipo de metaemoção, em que o espectador ou espectadora é capaz de observar e se deliciar com sua própria reação ao medo.

VOCÊ SABE DISTINGUIR ÁGUA QUENTE DE ÁGUA FRIA?

Uma das demonstrações mais simples e, no entanto, mais impressionantes na psicofísica (o ramo da psicologia que usa estímulos medidos com muito cuidado para estudar a percepção) revela que nem sempre é possível notar a diferença entre água quente e fria. Esse experimento simples pode ser feito por qualquer pessoa e é uma boa diversão, em especial, para a garotada. Só precisamos de três vasilhas grandes, bacias ou baldes. Encha uma com água fria, outra com água morna, outra com água quente e enfileire-as nessa ordem. Coloque uma das mãos na água fria, a outra na água quente e espere um ou dois minutos até que as sensações de frio e calor tenham diminuído. Agora mergulhe ambas as mãos no balde de água morna que está no meio e descreva o que sente em cada mão.

Habituação

A mão que estava na água fria vai parecer quente, enquanto a mão que estava na água quente vai parecer fria, mas ambas estarão recebendo água com a mesma temperatura. Esse paradoxo aparente é resultado de um fenômeno chamado "habituação" ou "adaptação", em que a exposição prolongada ou repetida a um estímulo faz a resposta diminuir. Por exemplo, se alguém toca de repente seu pulso você pode levar um susto, mas deixa de sentir num segundo a pressão da correia do relógio no mesmo pulso. A habituação pode ocorrer quando as células nervosas ficam exaustas de disparar sinais, parando assim de enviá-los para o cérebro.

Respostas paradoxais

A habituação não é a única maneira de vivenciar um paradoxo com uma sensação de temperatura. Surgem outros paradoxos semelhantes a partir do arranjo de terminações nervosas em sua pele sensíveis a temperatura. Os receptores que detectam a temperatura (conhecidos como termorreceptores) são encontrados perto das camadas superficiais da pele, nos 0,6 milímetros (0,02 polegadas) mais superficiais, e se apresentam em dois tipos: receptores frios e quentes. Quando um receptor frio dispara, registramos uma sensação de frio a partir desse ponto e, quando dispara um receptor quente, temos uma sensação de quentura. Como os sensores estão espaçados e não emparelhados, se aplicarmos uma sonda quente a um pedaço de pele que tem apenas um receptor de frio, o disparo do receptor pode ser desencadeado, o que resulta na sensação de frio, mesmo que a sonda esteja quente: isso é uma resposta paradoxal.

O mistério do quente

Um mistério psicofísico é como podemos sentir o quente quando temos apenas termorreceptores para frio e morno. Termorreceptores para morno respondem com mais vigor nas vizinhanças da temperatura corporal, mas também vão responder a temperaturas mais elevadas, enquanto receptores de frio respondem tanto a estímulos frios quanto a estímulos quentes. Uma teoria diz que a sensação de calor ocorre quando termorreceptores tanto mornos quanto frios são disparados ao mesmo tempo e isso é sustentado por um dispositivo chamado grade de calor, que de novo engana os sistemas corporais de percepção da temperatura. Numa grade de calor, água quente e fria são levadas através das serpentinas de uma tubulação de cobre que se entrelaça no centro. Como em cada ponta a serpentina é apenas morna ou fria, se agarramos cada ponta podemos notar a diferença, mas se agarramos o centro, os estímulos mornos e frios são levados ao mesmo tempo às nossas mãos, resultando na sensação de quente. Certas pessoas chegarão a recuar, como se tivessem sido queimadas.

Febre fria

Outra percepção paradoxal da temperatura ocorre durante uma febre, quando ficamos tremendo de frio mesmo com elevada temperatura corporal. A sensação térmica ocorre nas camadas superficiais da pele e, portanto, depende tanto da temperatura externa quanto do fluxo de sangue para a pele superficial. Pode ser que, quando temos febre, os recursos precisem ser desviados para órgãos e sistemas internos, e, portanto, o sangue seja direcionado para longe da pele superficial que, como resultado, fica mais fria – daí tanto a sensação paradoxal de frio quanto a coloração pálida que às vezes acompanha a febre. A localização periférica de termorreceptores também significa que pessoas expostas a radiação de micro-ondas, que provoca aquecimento interno, podem estar sendo cozidas sem nem mesmo se dar conta.

VOCÊ É UMA PESSOA DE CÉREBRO ESQUERDO OU DE CÉREBRO DIREITO?

Um dos mitos mais comuns acerca do cérebro acompanha o boato de que usamos apenas 10% de nosso cérebro e que podemos ser uma pessoa de cérebro esquerdo ou de cérebro direito. De acordo com esse mito, nossa personalidade e "estilo cognitivo" são determinados por qual lado do cérebro é dominante e os lados têm áreas de funcionalidade muito diferentes. Considera-se que o cérebro esquerdo seja analítico e verbal, enquanto o cérebro direito é criativo e emocional. De onde veio esse mito e quanto de verdade existe nele?

Os hemisférios

Em primeiro lugar, é necessário explicar o que se entende por cérebros esquerdo e direito. Trata-se de uma referência aos hemisférios cerebrais, que são o que você vê quando olha para a imagem de um cérebro.

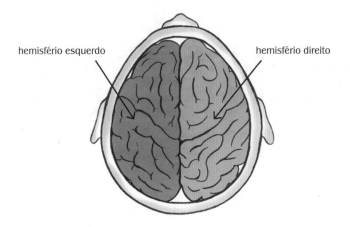

hemisfério esquerdo   hemisfério direito

Os hemisférios formam o córtex cerebral, as partes maiores e mais externas do cérebro. O córtex, então, está dividido em dois lados ou hemisférios, com uma grande fenda ou fissura separando os dois. Em geral esses hemisférios estão conectados por tiras ou pontes de fibras nervosas, denominadas corpo caloso, uma tira grossa com mais de 600 milhões de fibras nervosas. Isso permite que os hemisférios se comuniquem e trabalhem em conjunto. E o fato de a informação perceptiva vinda do mundo exterior alimentar os dois simultaneamente age no mesmo sentido, fazendo com que os dois hemisférios recebam os mesmos insumos.

Os cientistas sem dúvida se perguntaram o que aconteceria se o corpo caloso fosse cortado para produzir os chamados "cérebros cindidos ou divididos" e, na década de 1960, Roger Sperry (que acabaria ganhando um prêmio Nobel por seu trabalho) começou a fazer experimentos com gatos de cérebro dividido. Por fim, ele e Michael Gazzaniga foram convidados a fazer testes em humanos que tiveram as pontes do corpo caloso cortadas por meios cirúrgicos para aliviar a epilepsia incapacitante, resultando daí uma influente série de estudos. Esses experimentos de cérebro cindido mostraram que de fato há diferenças no que cada hemisfério pode fazer, descobrindo que, na maioria dos pacientes, o hemisfério direito lutava para produzir a fala. Os resultados dos experimentos foram matizados e complexos, mas isso foi inevitavelmente obscurecido no relato de ciência popular que eles inspiraram.

Nascimento de um mito

Em 1973, a *New York Times Magazine* publicou um artigo intitulado: "We Are Left-Brained or Right-Brained", que começava da seguinte maneira: "Duas pessoas muito diferentes habitam nossa cabeça... Uma delas é verbal, analítica, dominante. A outra é artística..." Isso foi seguido por artigos semelhantes na *Time*, na *Harvard Business Review* e na *Psychology Today*. Nascia um mito científico popular e cérebros esquerdo e direito tornavam-se agora um atalho para as mais amplas generalizações sobre estilo cognitivo. O cérebro esquerdo é um responsável inteligente, mas chato do espectro autista, enquanto o cérebro direito é estúpido, mas de espírito livre, emocional e criativo. O próprio Sperry tinha avisado: "Uma polaridade experimentalmente observada em estilo cognitivo direito-esquerdo é uma ideia geral, que é muito fácil levar ao absurdo", mas mesmo ele não poderia ter imaginado até que ponto chegaria o absurdo!

Desde então, os psicólogos têm apontado as falácias da popular generalização cérebro-esquerdo-e-direito. Em 2013, emergiu uma evidência definitiva na forma de um estudo de neurocientistas da Universidade de Utah, que escanearam o cérebro de mais de mil de pessoas, concluindo: "A lateralização de conexões do cérebro parece ser antes uma propriedade local que global de redes cerebrais e nossos dados não são consistentes com um fenótipo de todo cérebro de maior força da rede do 'cérebro esquerdo' ou do 'cérebro direito' entre os indivíduos". Em outras palavras, algumas tarefas particulares estão associadas a um aumento de atividade em pequenas áreas específicas do cérebro, mas não há prova de que em certas pessoas um hemisfério predomine sobre o outro.

Superior e inferior?

Em suma, diz a renomada neurocientista cognitiva Kara D. Federmeier: "parece seguro dizer que em geral todos nós usamos ambos os lados do nosso cérebro quase o tempo todo". Em pacientes com o cérebro dividido, há de fato áreas de diferença, mas mesmo essas não são nítidas. Assim, enquanto se esforça para falar, o hemisfério direito não deixa de estar envolvido com o processamento de certos aspectos da linguagem, como entonação e ênfase. Em contraste, no entanto, com a concepção popular de que o hemisfério direito é criativo enquanto o esquerdo é de alguma forma sem imaginação, a conclusão tirada por Gazzaniga dos experimentos de divisão do cérebro foi que o hemisfério esquerdo é a sede de "talento criativo, narrativo".

Talvez fosse mais útil romper com a distinção de cérebro esquerdo e cérebro direito. Num livro escrito com Wayne Miller, *Top Brain, Bottom Brain: Surprising Insights into How You Think* (2014), o renomado psicólogo cognitivo Stephen Kosslyn propõe um paradigma alternativo para cérebros esquerdo e direito, enfatizando as "partes superiores e inferiores. Entre outras coisas, a parte superior estabelece planos e revisa esses planos quando os eventos esperados não ocorrem; a inferior classifica e interpreta o que percebemos".

HÁ DUAS PESSOAS DIFERENTES NA SUA CABEÇA?

Por mais extraordinário e um contrassenso que possa parecer, há indícios de que nossa mente é composta de duas consciências distintas. Uma das descobertas mais intrigantes dos experimentos de cérebro dividido de Roger Sperry e Michael Gazzaniga (*ver* página 66) foi que cada um dos hemisférios do cérebro de uma pessoa pode ser alimentado por diferentes informações, levando a diferentes pensamentos em cada hemisfério – e que cada metade estará inconsciente do que a outra metade está pensando! "Depois de muitos anos de uma pesquisa fascinante sobre o cérebro dividido, parece que o... hemisfério esquerdo tem uma experiência consciente muito diferente daquela do... cérebro direito", refletiu Gazzaniga em 2002.

Hemisférios concorrentes

O principal método experimental nos estudos do cérebro dividido implicava apresentar a cada um dos hemisférios cerebrais de uma pessoa uma imagem diferente. Como cada olho se conecta a ambos os hemisférios, não podemos simplesmente mostrar uma imagem diferente a cada olho, mas em cada olho o campo visual esquerdo (isto é, a metade esquerda do que o olho vê) alimenta o hemisfério direito e o campo visual direito o hemisfério esquerdo. Ao piscar por um instante imagens divididas ao meio, os experimentadores impediam que os sujeitos movessem os olhos, garantindo que cada hemisfério recebesse de fato um insumo diferente. Os resultados foram fascinantes.

Um paciente de cérebro dividido podia descrever com facilidade as imagens vistas em seu campo visual direito (processadas apenas pelo hemisfério esquerdo), mas parecia incapaz de dizer o que o hemisfério direito tinha visto. Contudo, era capaz de selecionar a foto de referência correta com a mão esquerda, que está "sob controle" do hemisfério direito. Em outras palavras, é possível que o hemisfério direito saiba algo que o hemisfério esquerdo não sabe.

Resultados incríveis também ocorreram quando davam ao sujeito de cérebro cindido uma tarefa que envolvia ambas as mãos. A neurocientista cognitiva Kara D. Federmeier, pesquisadora das assimetrias hemisféricas, observa que "as mãos dos 'pacientes' – cada hemisfério controlando uma delas – literalmente lutavam pelo controle de uma determinada tarefa; é intrigante imaginar que esse tipo de batalha ocorra interna e rotineiramente, com todo mundo!". Em outras palavras, consciências concorrentes podem ser um traço da psicologia humana normal.

A mente bicameral

Uma hipótese extraordinária que se desenvolveu desse tipo de pensamento é a teoria de Julian Jaynes em seu livro de 1976, *The Origin of Consciousness in the Breakdown of the Bicameral Mind* (onde bicameral significa "com dois compartimentos"). Jaynes argumentava que a consciência dos antigos humanos era dividida, de modo que, durante a maior parte da evolução humana, a consciência incorporada ao hemisfério direito não era acessível àquela do hemisfério esquerdo. Humanos pré-históricos se deparavam com essa consciência "do cérebro direito" através de alucinações auditivas e outras – ou seja, vozes na cabeça semelhantes às experimentadas por esquizofrênicos. Elas podem ter sido interpretadas como mensagens de entidades sobrenaturais, como deuses, ancestrais ou guias espirituais pessoais (como o *ka* do Antigo Egito ou o *genius* greco-romano). Só quando os humanos desenvolveram uma linguagem metafórica para descrever e processar seu próprio pensamento e a consciência do cérebro direito ficou integrada no todo – isto é, por volta do final da Idade do Bronze e do início da Idade do Ferro (*c.* 1200 a.C. no Oriente Próximo) – surgiu a consciência no sentido moderno.

A teoria de Jaynes não tem um apoio dos mais amplos, mas levanta questões tanto para a história antiga quanto para a psicologia moderna. Será que as vozes ouvidas por psicóticos derivam do hemisfério direito, que de alguma forma ficou "desamarrado" ou dissociado do esquerdo? Tanto nos saudáveis quanto nos mentalmente enfermos, qual é a natureza da consciência à luz do que os neurocientistas chamam de lateralidade do cérebro (isto é, a divisão do processamento cognitivo entre os hemisférios)? Gazzaniga acredita que "o hemisfério esquerdo, inventivo e interpretador, tem uma experiência consciente muito diferente daquela do cérebro direito fidedigno, literal. Embora ambos os hemisférios possam ser encarados como conscientes, a consciência do cérebro esquerdo ultrapassa de longe a do direito". Mas poderia a consciência do cérebro esquerdo também ser diferente e mesmo, até certo ponto, separada daquela do direito?

O intérprete

Num experimento de cérebro dividido, foi mostrado ao hemisfério direito uma cena nevada, ao hemisfério esquerdo um pé de frango e pediram que o participante escolhesse cartões que combinassem com o que tinha visto. Com a mão direita, ele pegou um cartão que mostrava um frango, enquanto a mão esquerda pegava um cartão mostrando um limpa-neve. Quando lhe pediram para explicar a discrepância, o cérebro esquerdo do sujeito revelou um modelo mental que Gazzaniga rotulou de "o intérprete", que tenta costurar uma história para encaixar os fatos. Nesse caso, o sujeito argumentou que o limpa-neve era necessário para a limpeza depois que os frangos passassem. É essa função "interpretativa" que Gazzaniga descreveu como "o talento criativo, narrativo", explicando que descobertas como essas:

> sugerem que o mecanismo interpretativo do hemisfério esquerdo está sempre empenhado no trabalho, buscando o sentido dos acontecimentos. Está sempre à procura de ordem e razão, mesmo quando não há nem uma nem outra – o que o leva continuamente a cometer erros. Ele tende a generalizar em excesso, construindo com frequência um passado potencial em oposição a um verdadeiro.

ISSO É UM PATO OU UM COELHO?

O pato-coelho é um exemplo clássico de um tipo de ilusão visual conhecido como figura ambígua. Ela pode ser interpretada como um pato ou como um coelho e, em segundos, você pode "pipocar" de uma interpretação para a outra.

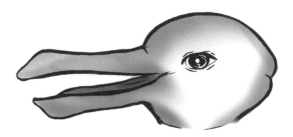

Apenas uma ilusão

Figuras ambíguas são parte de uma classe de ilusões conhecidas como ilusões de cognição. Outras figuras ambíguas amplamente conhecidas são a jovem-velha enrugada e o cubo de Necker, um

cubo com estrutura de arame que pode ser visto tanto se proje-
tando para o observador quanto recuando. Ilusões de cognição
como essas surgem de processos mentais, não das propriedades
físicas do corpo ou do mundo exterior.

Existem muitos outros tipos de ilusão, variando de ilusões
ópticas – que resultam de propriedades ópticas de um fenômeno
e não dependem de propriedades da percepção humana, como
quando um lápis num copo d'água parece torto – a ilusões causadas pela fisiologia do olho humano. Por exemplo, se você olhar
para um quadrado vermelho durante trinta segundos e depois
transferir o olhar para uma superfície branca, verá um fantasma-
górico quadrado verde. Isso resulta de fadiga da retina, que é
quando as células nervosas da retina, responsáveis por perceber
a cor vermelha, se cansam, de modo que, quando você olha para a
superfície branca, elas já não estão disparando; seu cérebro, então,
percebe a ausência de sinais vermelhos como ausência de vermelho, subtraindo o vermelho e deixando o verde. Esses tipos fisiológicos de ilusão decorrem de processos que acontecem no "fundo"
do sistema visual, enquanto figuras ambíguas provêm do topo
cognitivo do sistema, mostrando em ação o processamento de
cima para baixo.

Gestalt

Ilusões de todo tipo interessam aos psicólogos por causa do que
revelam sobre a neurofisiologia e a psicologia da percepção. Figuras ambíguas, por exemplo, demonstram como a percepção
pode ser um processo construtivo, em que a mente começa com
uma moldura perceptiva na qual está encaixado um estímulo de
entrada. O modo como a figura pode "pipocar" entre estados
mostra como as imagens são com frequência percebidas como um

"todo", conhecido em psicologia pelo termo alemão *gestalt*. Em vez de prestarmos atenção aos componentes que constituem a imagem, ela é percebida toda de uma vez.

Müller-Lyer

Uma das ilusões mais simples parece depender de uma explicação muito complexa. Olhe para as linhas horizontais entre as pontas de seta abaixo:

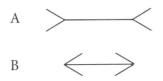

Qual é a mais comprida, a linha horizontal em A ou a que está em B? Na verdade as duas linhas são de comprimento idêntico, mas a ilusão de que A é mais comprida persiste mesmo quando você sabe disso. O fenômeno é conhecido como ilusão de Müller-Lyer, nome do psicólogo alemão que o descreveu pela primeira vez. Richard Gregory explicou a ilusão como um exemplo de processamento de cima para baixo, demonstrando como a percepção consciente é uma construção que só se apoia parcialmente na realidade. As linhas diagonais agem como pistas perceptivas – Gregory diz que elas lembram o canto próximo ou distante de uma sala ou prédio – e isso, por sua vez, sugere que a linha no canto distante, estando mais afastada, deve ser na realidade mais comprida, de modo a parecer do mesmo comprimento que a linha que está mais perto. Nosso cérebro, portanto, deduz essa informação e a impõe a nossa percepção da linha, não havendo nada que possamos fazer a esse respeito.

Um elemento de evidência que respalda a explicação de Gregory é a constatação de que a ilusão só funciona em pessoas de culturas com artefatos que apresentam bordas retas e ângulos retos – os chamados mundos manufaturados. Pessoas de mundos não manufaturados, como os *san* da África subsaariana, não experimentam a ilusão, talvez porque não tenham absorvido as regras de perspectiva linear do mesmo modo que nós.

VOCÊ VIU AQUELE GORILA?

Você notaria se um homem fantasiado de gorila atravessasse uma quadra de basquete no meio de um jogo? Por incrível que pareça, cerca de metade dos participantes de um experimento bem conhecido de psicologia deixou de perceber isso, porque tinha sido encarregada de contar os passes entre jogadores específicos. Como a atenção deles estava concentrada numa tarefa específica, o gorila ficou invisível.

Atenção no centro

O gorila invisível é uma das descobertas mais notáveis de uma fértil e significativa área de estudo em psicologia: o tópico da atenção. "Todos sabem o que é a atenção", escreveu William James em 1890. "É a tomada de posse pela mente, de forma clara e nítida, de um dentre os que parecem ser vários objetos ou cadeias de pensamento simultaneamente possíveis... O que implica a retirada de certas coisas para lidar com mais eficiência com outras."

A atenção é importante para os psicólogos porque é um processo mental central e proporciona uma base para estudar outros processos mentais, em especial o aprendizado. "[Só] quando uma pessoa está ativamente envolvida em atenção voluntária", observa Stephen Porges e Georgia DiGangi numa monografia de 1990, "pode ocorrer uma atividade propositalmente funcional e um aprendizado". A atenção pode ser ainda mais importante que isso, proporcionando um modo de estudar o conceito central mas muito esquivo da psicologia: a consciência. Escrevendo em 1980, em *Cognitive Psychology: New Directions*, Alan Allport disse que "psicólogos voltados de modo intransigente para o processamento da informação usam a atenção como uma senha para consciência". A atenção focal – aquela com a qual estamos prestando atenção no momento e que se encontra no centro de nossa percepção – é o que Freud entendia por "consciente".

Uma breve história da psicologia cognitiva

A atenção é uma das preocupações centrais da disciplina conhecida como psicologia cognitiva, que é a psicologia dos processos mentais. No behaviorismo, a mente é vista quase como uma caixa preta – um dispositivo impenetrável e incognoscível (e, em última análise, irrelevante), cujos mecanismos são irremediavelmente obscuros para a ciência – e a psicologia deveria se restringir a estudar apenas as entradas (estímulos) e saídas (comportamento) da caixa em questão. A psicologia cognitiva rejeita isso e encara como seu domínio precisamente a *terra incognita* dos behavioristas, procurando explorar e investigar os processos da caixa preta da mente. Para fazer isso, no entanto, confia sem restrições na abordagem de processamento da informação, que vê a mente como um sistema de processamento da informação análogo a um computador.

A psicologia cognitiva teve antecedentes na obra de Jean Piaget (*ver* página 83), mas precisou do novo solo da ciência da informação e da computação para criar raízes. Em 1948, Norbert Wiener publicou a obra seminal *Cibernética ou Controle e Comunicação no Animal e na Máquina*, apresentando à psicologia termos como *input* [entrada] e *output* [saída]. Nesse mesmo ano, o experimento clássico de Edward Tolman sobre os labirintos de aprendizagem de ratos – que ele chamou de "mapas cognitivos" – mostrava que os animais podiam ter representações internas de comportamento. A monografia de 1956 de George Miller sobre a capacidade de curto prazo ou memória de trabalho, "O Número Mágico 7 Mais ou Menos 2", costuma ser considerada como o nascimento da psicologia cognitiva, embora a disciplina só tenha começado oficialmente com o livro de Ulric Neisser de 1967, *Psicologia Cognitiva*.

Palhaços invisíveis

Para voltar ao gorila invisível, a incapacidade de localizar uma coisa aparentemente imperdível é atribuída a um fenômeno conhecido como "cegueira de desatenção". Quando os canais para a percepção consciente estão ocupados com outros fins, as coisas que ficam fora desses canais passam desapercebidas. A cegueira de desatenção tem sido demonstrada com exemplos como gente abrindo guarda-chuvas, fantasmas numa sala de cinema e palhaços em monociclos. Numa versão que dava continuidade à experiência original do experimento do gorila invisível, pessoas avisadas reparavam no gorila, mas deixavam de identificar uma cortina no fundo que mudava de cor.

DE ONDE VEM A LINGUAGEM?

Alguns dos primeiros experimentos em psicologia diziam respeito à filogenia da linguagem, isto é, a como as linguagens humanas se desenvolveram ao longo de imensuráveis períodos de tempo. Na busca pela linguagem original (em termos bíblicos, adâmica) da humanidade, vários governantes, durante toda a história, foram associados a narrativas de experimentos antiéticos em que faziam crianças serem criadas em isolamento ou apenas com surdos-mudos como acompanhantes para ver que língua elas falariam (*ver* quadro na página 82).

O milagre da linguagem

Esses experimentos, além de cruéis, também carecem de comprovação científica. Modernos estudiosos de linguística usam hábeis comparações de idiomas para reconstruir a trajetória das línguas e até mesmo fazer suposições sobre as primeiras formas das línguas, como o protoindo-europeu. De interesse muito maior para os psicólogos é a ontogenia da linguagem: a questão de como as crianças aprendem a dominar a língua com tanta rapidez e, pelo visto, sem esforço. Recém-nascidos podem reconhecer os padrões de fala ouvidos no útero, enquanto no primeiro ano as crianças aprendem a usar deixas, como a tonicidade, para decompor um fluxo de fala em palavras. Aos 3 anos, a maioria das crianças sabe usar o que, na década de 1950, o linguista norte-americano Noam

Criados sem linguagem

Segundo Heródoto (c. 429 a.C.), Psamético I, faraó egípcio da XXVI Dinastia no século VII a.C., descobriu que duas crianças criadas sem qualquer insumo linguístico usavam a palavra frígia para pão, enquanto o imperador mogol Akbar o Grande (1542-1605) observou que crianças deixadas aos cuidados de enfermeiros surdos-mudos tinham desenvolvido uma linguagem de sinais. História similar é contada acerca do sacro imperador romano Frederico II (1194-1250), enquanto em 1493, de acordo com o historiador Robert Lindsay de Pitscottie, o rei Jaime IV, da Escócia fez com que duas crianças e uma enfermeira surda-muda fossem transportados para a ilha isolada de Inchkeith, no meio do estuário do rio Forth. Lindsay escreveu: "Alguns dizem que falavam um bom hebraico; de minha parte nada sei, só tenho relatos", embora, como o romancista *sir* Walter Scott mais tarde observou, "é mais provável que gritassem como sua enfermeira muda ou soltassem balidos como as cabras e ovelhas da ilha". Em experimentos naturais, onde crianças teriam crescido sem qualquer contato humano, como as chamadas crianças selvagens criadas por lobos e animais parecidos, as crianças de fato não mostravam o uso de qualquer língua.

Chomsky chamou de "gramática gerativa" – normas de linguagem que tornam possível compreender e produzir (gerar) frases inteiramente novas.

O LAD de Chomsky

O desafio de explicar esse extraordinário fenômeno da linguagem humana, ao que tudo indica, sem paralelo no mundo animal, tem conduzido a várias teorias. A teoria cognitiva do psicólogo do desenvolvimento Jean Piaget vê a aquisição da linguagem como parte do aprendizado geral, com as crianças desenvolvendo novos conceitos e aprendendo os rótulos verbais para eles, mas essa teoria não chega na realidade a tratar da aquisição da gramática. O behaviorista B. F. Skinner argumentou que essa aquisição era aprendida na sua totalidade pela imitação, repetição e reforço, mas Noam Chomsky respondeu que a linguagem a que as crianças estão expostas é irremediavelmente inadequada para o aprendizado da gramática. Em função disso, nos anos 1960, Chomsky propôs que os humanos nascem com uma estrutura mental conhecida como "dispositivo de aquisição da linguagem" (na sigla em inglês, LAD), que codifica uma inata "gramática universal".

Embora a teoria LAD de Chomsky tenha sido em alto grau bastante influente, muitos de seus pressupostos têm sido refutados ou pelo menos atacados. Tem se tornado evidente que o *input* a que as crianças estão expostas é muito mais rico do que Chomsky afirmava e que as crianças são muito sensíveis ao tipo de pistas (como prosódia e sintaxe) de que precisam para usar um mecanismo geral de aprendizagem para saltar do *input* dos pais ao trabalho com a gramática.

PODEMOS PENSAR EM ALGUMA COISA SEM PALAVRAS?

O renomado filósofo Ludwig Wittgenstein escreveu: "Os limites de minha linguagem indicam os limites do meu mundo" (*Tratado Lógico-Filosófico*, 1922), sugerindo que o universo conceitual é limitado pela linguagem. Pensar sobre pensar parece impossível sem palavras, mas estará o próprio pensamento inextricavelmente atado à linguagem? Sem uma palavra para uma coisa podemos ter um conceito dela? Uma forte corrente em psicologia tem argumentado, seguindo Wittgenstein, que o pensamento é dependente da linguagem ou mesmo provocado por ela – uma visão conhecida como "determinismo linguístico" (como em: a cognição é determinada pela língua).

Vinte palavras para neve

Os defensores mais influentes dessa visão são o linguista Benjamin Lee Whorf e o linguista e antropólogo Edward Sapir. A teoria Sapir-Whorf (ou teoria whorfiana), conhecida como "hipótese da relatividade linguística", sustenta que os conceitos são determinados pelas palavras que usamos para eles e, portanto, que a compreensão e percepção do mundo experimentadas por cada cultura ou indivíduo só podem ser compreendidas quando relacionadas à linguagem (daí a relatividade linguística). A hipótese se desenvolveu nas décadas de 1920 e 1930 a partir de suas observações de notáveis diferenças entre o que eles chamavam de típicas línguas europeias-padrão (na sigla em inglês, SAE) e línguas mais exóticas como o *hopi* e o *inuit*. Whorf afirmou que o *hopi*, por exemplo, não faz distinções linguísticas entre passado, presente e futuro, enquanto o *inuit*, disse ele numa afirmação que ficou famosa, tem vinte palavras diferentes para neve. Em função disso, afirma a hipótese Sapir-Whorf, o *inuit* literalmente percebe mais variedades de neve que os falantes das SAE, cujas categorias perceptivas são circunstritas por haver apenas uma ou duas palavras para neve.

Essa ilustração clássica de relatividade linguística foi desde então muito contestada; por exemplo, Whorf pode ter exagerado o número de palavras *inuit* para neve. Outra crítica da relatividade linguística é que, fosse ela indiscutivelmente verdadeira, não seria possível traduzir, digamos, do *hopi* para o SAE, o que não é o caso.

O desafio da cor

A percepção e a descrição da cor têm sido usadas como um meio disponível de testar as previsões do determinismo linguístico. Muitas línguas ao redor do mundo reconhecem menos categorias de cores básicas ou focais que o inglês, que tem palavras para todas as 11. Por exemplo, segundo um estudo de 1954, os dânis, da Nova Guiné, tinham apenas duas palavras para cores (*mola* significando cores vivas, quentes, e *mili* significando cores escuras, frias). Uma curiosa pesquisa de Berlin e Kay em 1969 constatou que palavras para cores focais ocorrem sempre numa hierarquia: se apenas dois termos são usados, ele se aplicam a preto e branco, o terceiro termo será vermelho, o quarto e o quinto verde e amarelo, e assim por diante, com roxo, rosa e alaranjado só sendo usados se todos os outros também estão presentes.

Ainda mais significativo para o determinismo linguístico, é que há forte evidência de que, apesar das restrições da língua, falantes com "termos precários para as cores" sabem reconhecer todas as cores focais e que a principal influência sobre a percepção da cor é a fisiologia do sistema visual. Assim, fica claro que a percepção da cor mantém fortes similaridades através das culturas, independentemente da língua, o que mina a visão determinista.

Curare para o curioso

A hipótese Sapir-Whorf não é a única teoria defendendo que a língua determina o pensamento. Um dos primeiros behavioristas, John B. Watson, propôs uma visão extrema de que pensar é falar e que aquilo que julgamos serem processos internos de pensamento são, na realidade, "subvocalizações" inaudíveis ou minúsculas vibrações das cordas vocais. Em outras palavras, se não pudermos falar, não podemos pensar. Conhecida como "periferalismo", a teoria de Watson foi plausível, quando proposta em 1912, porque a tecnologia para determinar se tais subvocalizações ocorrem ainda não estava disponível, mas em 1947 ela foi demolida por um notável experimento de E. M. Smith e outros. Smith injetou em si mesmo curare, um veneno paralisador que interrompe todas as contrações musculoesqueléticas. Mantido vivo apenas por um pulmão artificial que respirava por ele, Smith também não conseguia mover as cordas vocais, mas continuou, ainda assim, a ter pensamentos e percepções.

POR QUE ESQUECEMOS?

O esquecimento parece ser um dos piores defeitos do organismo humano. Isso é, de modo especial, verdadeiro já que a capacidade da memória humana é estimada em torno de 2,5 petabytes de informação (2,5 milhões de gigabytes) – equivalente a 3 milhões de horas (c. 340 anos) de gravações de TV num gravador de vídeo digital. Se as memórias são armazenadas na forma de conexões entre neurônios, então o número total de memórias teoricamente possível de armazenar poderia ser maior que o número de átomos no universo.

Em vista dessa capacidade, ao que parece, colossal, por que ainda deveríamos ter esquecimentos, fossem lá quais fossem? Não seria bom ter total lembrança, como um computador ou a internet? Nunca mais haveria chaves perdidas ou aniversários esquecidos, só para citar algumas das consequências mais triviais de esquecer.

A teoria principal para explicar a utilidade do esquecimento está baseada no fenômeno psicológico da "interferência" e "deterioração". Interferência é quando uma memória interfere com a recordação de outra. Podemos ter dificuldade para lembrar o nome de alguém que ouvimos hoje de manhã pelo fato de termos encontrado mais três pessoas depois disso. Deterioração é o processo pelo qual a informação se apaga se não ficar, por uma razão ou por outra, assentada como memória. Para entender isso melhor, precisamos examinar um modelo de memória, ver como a memória é compreendida na psicologia cognitiva.

Como são feitas as memórias?

A questão de como são feitas as memórias é um dos principais interesses da psicologia, expresso já em 1890 por William James em sua obra clássica, *The Principles of Psychology* [*Os Princípios de Psicologia*]:

> A corrente de pensamento flui; a maior parte, no entanto, de seus segmentos cai nos abismos sem fundo do esquecimento. De alguns, nenhuma memória sobrevive ao instante de sua passagem. De outros, a memória é confinada a alguns momentos, horas ou dias. Outros, ainda, deixam vestígios que são indestrutíveis e por meio dos quais podem ser recordados enquanto a vida durar. Podemos explicar essas diferenças?

Na maior parte das vezes considera-se que a memória consiste de dois componentes fundamentais: memória de curto e de longo prazos. Um rio incessante de informação vem dos nossos sentidos (ou da nossa imaginação), chega ao nosso cérebro e é captado por um registro sensorial, no qual a atenção (*ver* página 77) age como filtro, selecionando apenas as partes mais importantes ou mais perceptíveis para serem consideradas pela "memória de curto prazo", também conhecida como "memória de trabalho". A informação em nossa memória de trabalho pode ser usada de imediato ou, de novo em função de sua importância ou relevância, pode ser codificada em "memória de longo prazo". Assim ela pode ser armazenada para ser recuperada depois. O processo de codificação é o passo crucial que determina se um evento, fato ou sentimento cai "no abismo sem fundo do esquecimento" ou deixa "vestígios que são indestrutíveis".

Lesmas-do-mar e o segredo do engrama

A fisiologia correspondente a esse modelo de formação de memória é uma área de controvérsia, com o traço físico de uma memória, às vezes conhecido como "engrama", sendo com frequência objeto de abuso por parte de charlatães e curandeiros. Mas emergiram algumas pistas do trabalho de Eric Kandel, o neuropsiquiatra austríaco-americano, ganhador do prêmio Nobel, que usou a lesma-do-mar como animal modelo para a formação da memória humana. A lesma-do-mar ou lebre-do-mar tem um sistema relativamente simples de apenas 20 mil neurônios, alguns grandes o bastante para serem visíveis a olho nu. Kandel e colegas foram capazes de mostrar que uma memória de curto prazo é formada quando uma sinapse – a conexão entre células nervosas, por meio da qual elas trocam sinais – é fortalecida, de modo que o sinal entre duas células nervosas é amplificado. Enquanto isso, uma memória de longo prazo envolve mudanças importantes para a estrutura das sinapses, resultando, sem sombra de dúvida, na formação de uma nova sinapse.

Esquecer para lembrar

"Codificação" ou "formação de memória" é apenas um lado do processo requerido para recordar; a outra face da moeda é "relembrar" ou recuperação da memória codificada. Como a interferência torna a recordação mais difícil, a recordação eficiente de memórias importantes (como as que ajudam a sobrevivência) tem de requerer algum grau de memória seletiva. Como garantir que a memória seja seletiva e que apenas as memórias mais úteis e importantes sejam codificadas? É onde entra a deterioração: a informação em memória de curto prazo se deteriora, a não ser que seja reforçada por meio de recitação ou atenção. Assim, só codificaremos uma memória para a pedra sob a qual vive a cobra venenosa, não para toda pedra que vimos na vida, o que por sua vez significa que, quando precisarmos recordar que pedra oculta um perigo, nossa recordação não sofrerá interferência das outras memórias de "pedras". Pode ser necessário esquecer algumas coisas para lembrar melhor de coisas mais importantes.

UMA MÁQUINA PODE PENSAR?

Em 1950, o matemático inglês e pioneiro da ciência da computação Alan Turing escreveu um artigo respondendo à pergunta: "Uma máquina pode ser inteligente?" Sua resposta imediata foi que a pergunta é "demasiado sem sentido para ser digna de discussão".

O teste de Turing

Em vez de discutir, Turing propôs um teste para saber se uma máquina poderia parecer inteligente: o "jogo da imitação", agora conhecido como "teste de Turing". Turing argumentou que se uma máquina, conversando através de respostas escritas numa tela, pudesse levar um ser humano a pensar que ele ou ela estava falando com outro ser humano, então a máquina teria de ser considerada inteligente. Passar no teste de Turing – um marco que o matemático previu que seria atingido no ano 2000 – tem sido um dos objetivos básicos do campo da inteligência artificial (IA), a disciplina que está entre a psicologia cognitiva e a ciência da computação.

Ascensão das máquinas

A inteligência artificial (IA) originou-se do trabalho de Turing e outros no admirável mundo novo dos computadores. Após a Segunda Guerra Mundial, Turing ajudou a desenvolver o primeiro computador eletrônico digital do mundo, mas cometeu suicídio de maneira trágica em 1954, dois anos antes de aparecer o primeiro programa de computador de IA. Em 1956, os pesquisadores americanos Allen Newell, J. C. Shaw e Herbert Simon apresentaram o "Teórico Lógico": uma IA que se mostrou capaz de determinar por si mesma as equações básicas da lógica, propondo inclusive uma prova melhor que aquela já conhecida. Nesse mesmo ano, uma conferência no Dartmouth College, em Hanover, New Hampshire, viu ser cunhado o termo "IA" e o campo passou formalmente a existir.

O sucesso do Teórico Lógico estimulou previsões otimistas ao extremo sobre a iminente ascensão da IA. Allen Newell previu que, "dentro de dez anos um computador digital será o campeão mundial de xadrez, a não ser que haja regras que o impeçam de participar de competições", enquanto Marvin Minsky, cientista cognitivo do MIT, proclamava: "Daqui a uma geração... o problema de criar 'inteligência artificial' estará substancialmente resolvido".

Os rápidos avanços na tecnologia de computação nada fizeram para abalar a confiança de pesquisadores da IA e, nos anos 1960, o cientista Herbert Simon previu que, num prazo de vinte anos, a IA ultrapassaria a inteligência humana.

O poder do computador, que crescia exponencialmente, poderia ser aproveitado para organizar programas de crescente complexidade e a inteligência emergiria. Essa abordagem, conhecida às vezes como "boa e antiquada IA", concentrou-se de início em desafios como derrotar grandes mestres humanos do xadrez, mas só em 1997 a proeza foi por fim cumprida, quando o super-computador "Deep Blue", da IBM, derrotou o campeão mundial Garry Kasparov. Em 2011, a IA "Watson", da IBM, derrotou campeões humanos em um programa de perguntas e respostas na TV, *Jeopardy!*, mas grande parte das grandiosas previsões para a IA não foi cumprida.

Em 2014, a previsão de Turing com relação a seu teste pareceu por fim ter sido realizada (embora com mais de uma década de atraso), quando foi divulgado que um *chatbot* chamado "Eugene Goostman" havia passado no teste. Essa afirmação, no entanto, é controversa, pois o *chatbot* só enganou um terço dos juízes e foi criticado por "melar" o teste se colocando como um ucraniano de 13 anos com um inglês capenga.

O Quarto Chinês

Mesmo que uma IA consiga passar no teste de Turing, isso significa que ela pode pensar? Uma importante objeção a essa hipótese é que passar no teste não é garantia de que uma IA tenha alcançado "base simbólica", a capacidade de saber o que os símbolos, palavras ou conceitos de fato "significam". No início dos anos 1980, o filósofo John Searle propôs um experimento do pensamento chamado "Quarto Chinês" para ilustrar esse ponto. Imaginemos um homem isolado num quarto a quem são passadas, através de uma fenda, perguntas escritas em tiras de papel. As perguntas estão em chinês, língua que o homem não compreende, mas ele tem um livro imenso de regras sintáticas e semânticas que lhe permite processar as perguntas e escrever respostas em chinês. Para as pessoas que estão recebendo as respostas, parece que ele entende chinês, o que na verdade não condiz com a realidade dos fatos.

Essa é apenas uma das questões complicadas – e insolúveis em potencial – com que se defronta a IA e o campo mais amplo do estudo da consciência; elementos do que é às vezes chamado de o "difícil problema" da consciência. Uma questão relacionada é se desejos, emoções ou intenções "programadas" nas IAs significam o mesmo que nossos desejos e intenções. Por exemplo, pensemos num termostato, um dispositivo com propriedades elétricas que mudam em resposta à alteração de temperatura, fazendo com que o calor aumente ou diminua para manter a temperatura em determinado nível. O termostato "quer" manter sua sala de estar em 21 °C (70 °F) agradavelmente mornos? Pode parecer absurdo afirmar que sim, mas se não pudermos dar uma definição clara do que significa "querer" alguma coisa, quem vai nos contrariar?

POR QUE OS CARAS BONZINHOS ACABAM POR ÚLTIMO?

A frase "os caras bonzinhos acabam por último" é atribuída ao treinador durão de beisebol Leo Durocher, que a teria dito em 1946. Desde então, ela passou a sintetizar uma série de pressupostos acerca de temperamento, masculinidade e relações interpessoais. O que nos diz a psicologia sobre esses pressupostos? Há prova de que os caras bonzinhos de fato acabam por último – no amor, na vida ou no dinheiro?

As Cinco Grandes

O que entendemos por "bonzinho"? Em termos de personalidade, a característica – ou "dimensão" – relevante é ser agradável. Ser agradável inclui traços como ser cooperativo, cordial, generoso e não questionador. É uma das "Cinco Grandes dimensões [ou fatores] da personalidade", junto à receptividade, extroversão-introversão, neuroticismo e consciência. São às vezes chamadas de dimensões porque cada uma descreve um espectro, com os indivíduos entrando em algum lugar ao longo desse espectro.

Essas dimensões são conhecidas como as Cinco Grandes porque a análise estatística de uma enorme gama de diferentes traços ou fatores de personalidade mostra que todos se reduzem a elas. Por exemplo, criatividade, sofisticação e curiosidade soam como traços diferentes, mas a análise mostra que as pontuações de um indivíduo em testes desses fatores se correlacionam intimamente e que, num grupo de pessoas, eles tendem a variar em conjunto. Isso sugere que um único fator respalda todos esses traços e os psicólogos que estudam a personalidade se referem a ele como receptividade, ou seja, cultivo da experiência, abertura para ela. As pessoas na outra extremidade dessa dimensão são de mente estreita, pouco curiosas, menos criativas e menos analíticas, enquanto as que estão na outra ponta são muito analíticas, sofisticadas, criativas e adotam a novidade. A dimensão de quem é agradável tem traços como cordialidade, generosidade, altruísmo e transigência numa ponta, com frieza, mesquinhez, propensão a discussões, egoísmo e rigidez de pensamento na outra.

Há muitos outros modos de agrupar e decompor traços de personalidade e argumentos a favor de ainda menos que cinco traços básicos. O influente psicólogo alemão da personalidade e das diferenças individuais, Hans Eysenck (1916-1997), argumenta que ter consciência e ser agradável são simples facetas da mesma dimensão fundamental da personalidade, que chama de "psicoticismo", enquanto outra pesquisa sugere que há basicamente apenas dois eixos de personalidade: extroversão-introversão e neuroticismo-estabilidade.

(Para saber mais sobre a psicologia da personalidade e a dimensão-chave de extroversão-introversão, ver "Por que algumas pessoas são tímidas?", página 147).

Bonzinhos *vs.* broncos

Evidências tiradas de estudos como o de Livingston e outros (*ver* texto abaixo) sugerem que há de fato alguma verdade em dizer que os "caras bonzinhos acabam por último" quando se trata de carreiras e remuneração. Do lado romântico, o quadro é mais complicado. Um estudo de 2003 pediu que mulheres avaliassem perfis para relacionamento que pareciam idênticos, mas variavam em alguns traços essenciais, e constatou que era muito mais

Compensa ser desagradável

Em 2011, um estudo de Beth Livingston, Timothy Judge e Charlie Hurst, publicado no *Journal of Personality and Social Psychology*, examinava a relação entre cordialidade e salário em 10 mil trabalhadores de uma variedade de profissões e idades. Eles descobriram que homens que pontuavam abaixo da média em cordialidade ganhavam cerca de 18% a mais que os caras mais simpáticos, mas que essa correlação era muito mais fraca para mulheres, com as menos cordiais ganhando 5% a mais que as contrapartes mais cordiais. A recompensa nos ganhos para a falta de cordialidade é mais de três vezes superior para os homens que para as mulheres e, para cada diferença no desvio padrão em nível de cordialidade (cerca de 0,75 pontos numa escala de pontuação com 5 ou 6 pontos), os homens relataram quase 10 mil dólares a menos em ganhos anuais. Livingston e seus colegas concluem: "Para os homens, literalmente compensa ser ruim de jogo... Caras bonzinhos não acabam necessariamente por último, mas de fato acabam num distante segundo lugar em termos de rendimentos".

provável elas dizerem que namorariam "bonzinhos" em vez de "broncos". Esse resultado está de acordo com outros estudos mostrando que as mulheres classificam qualidades "boazinhas" como mais atraentes para uma relação a longo prazo, mas, pelo lado negativo, qualidades como "gentileza" vêm com bagagem, com atributos e suposições associadas, como maior probabilidade de que homens bonzinhos sejam menos decididos e sejam menos experientes no que diz respeito ao sexo.

POR QUE AS PESSOAS SÃO RACISTAS?

O racismo é uma forma de preconceito, que é uma atitude (em geral negativa) com relação a um grupo ou membros desse grupo, embora seja feita às vezes uma distinção entre o preconceito racial de um indivíduo e uma ideologia política e econômica de racismo da sociedade.

Compreender preconceitos como o racismo tem sido um dos principais objetivos do campo conhecido como psicologia social, que investiga como os indivíduos se comportam em situações sociais e por que se comportam dessa maneira. O estudo do preconceito e questões relacionadas tornou-se um foco particular de interesse após a Segunda Guerra Mundial, com suas terríveis atrocidades baseadas em intolerância, e no contexto dos direitos civis nos Estados Unidos e outros lugares a partir da década de 1950.

As raízes do racismo

Os psicólogos sociais identificaram três explicações possíveis para o racismo: traços de personalidade do indivíduo, como a "personalidade autoritária"; fatores ambientais, como a pressão para se ajustar a normas sociais e conflito entre grupos decorrentes da competição; e, em terceiro lugar, os efeitos da identidade social, isto é, as consequências psicológicas de ser apenas membro de um grupo.

A personalidade autoritária é um conceito proposto por Theodor Adorno e outros em 1950, com base nas tentativas de compreender o fascismo na esteira dos nazistas. Adorno e colegas desenvolveram escalas para medir variáveis da personalidade, como antissemitismo, conservadorismo e um apreço pela autoridade, mostrando que esses traços coincidiam com tendências fascistas. Eles então atribuíam o racismo a traços de personalidade. Milton Rokeach sugeriu, em 1954, que o traço principal aqui é o dogmatismo, que se aplica a indivíduos tanto de direita quanto de esquerda.

Estudos clássicos de psicologia social evidenciaram que fatores externos também podem alimentar o racismo. Um estudo de 1952 sobre mineradores de carvão negros e brancos na Virgínia Ocidental mostrou que, enquanto estavam no subsolo, os mineradores se mantinham muito integrados mas, acima do solo, os mineradores negros eram vigorosamente segregados. A inferência era que os homens estavam se ajustando a normas sociais no mundo socialmente restrito acima do solo mas, quando no calor e perigo do ambiente de trabalho, isolados da sociedade e de suas normas, eram capazes de ignorá-las.

Formando bandos

Em 1961, Muzafer Sherif pegou 22 crianças brancas de classe média num acampamento de verão, distribuiu-as aleatoriamente por dois grupos e colocou um grupo contra o outro numa competição. Descobriu que as crianças desenvolveram fortes identidades de grupo e entraram em conflito, cada qual cultivando fortes antipatias pelas crianças do outro grupo. Sherif interpretou isso como prova de que a competição por recursos (nesse caso, prêmios concedidos num torneio esportivo) está na raiz do conflito intergrupal e, em consequência, do preconceito.

Em 1971, Henri Tajfel estendeu o paradigma de Sherif dos grupos criados de maneira aleatória para investigar as mínimas condições necessárias para a formação da identidade de grupo: isso ficou conhecido como "paradigma mínimo de grupo". Pediu que um grupo de garotos adolescentes externasse preferências por *slides* de telas dos pintores abstratos Paul Klee e Wassily Kandinsky. Depois os distribuiu aleatoriamente por grupos de Klee e grupos de Kandinsky. Cada garoto, trabalhando por si só, teve então de atribuir pontos (permutáveis por irrisórias recompensas monetárias) para as escolhas feitas por colegas do próprio grupo (*ingroup*) ou por membros do outro grupo (*outgroup*).

Tajfel constatou que os garotos mostravam um favoritismo *ingroup* muito forte e desfavoreciam o *outgroup*, ainda que a base para fazer parte do grupo fosse em sua totalidade superficial e eles não tivessem contato com membros do grupo nem com membros de fora do grupo e nada soubessem sobre eles. O favoritismo persistiu mesmo quando os garotos foram informados de que a vinculação aos grupos era aleatória.

A galera

Com base no que chamou de teoria de identidade social, a conclusão de Tajfel foi que o simples fato de ser membro de um grupo desencadeia de maneira involuntária um conjunto de atitudes. Diz essa teoria que os indivíduos derivam parte de sua identidade dos grupos sociais a que pertencem e que, para maximizar uma autoimagem positiva, manufaturam uma imagem positiva do grupo, em parte comparando de modo desfavorável o que está fora do grupo com o que está dentro dele. Assim, pessoas brancas podem difundir sua autoimagem promovendo seu grupo étnico, o que, por sua vez, é em parte alcançado quando denigrem pessoas de outras etnicidades que estão fora do grupo.

VOCÊ COMPRARIA UM CARRO USADO DESSE HOMEM?

Embora não esteja claro quando a disposição de comprar carros de segunda mão foi mencionada pela primeira vez como padrão-
-ouro da confiabilidade, a alegoria foi culturalmente implantada depois que apareceu um cartaz mostrando o trigésimo sétimo presidente americano, Richard Nixon (conhecido como "Dick Traiçoeiro" por ter se tornado a encarnação do político ardiloso), com a legenda: "Você compraria um carro usado desse homem?"

Cientistas *vs.* avarentos

A confiabilidade é um dos traços fundamentais a partir do qual julgamos outras pessoas. Psicólogos evolucionistas, que estudam as origens prováveis de comportamentos e suas lógicas evolutivas, salientam as vantagens evidentes de sermos capazes de fazer tais julgamentos. Em situações de luta pela sobrevivência, julgamentos precários sobre se um estranho é confiável podem ser fatais. Então, o que nos diz a psicologia a respeito de como as pessoas fazem esse tipo de julgamento interpessoal?

Uma das primeiras teorias sobre o processo de fazer tais julgamentos – conhecida como "cognição social" – dizia que cada um de nós é como um cientista, coletando e analisando as evidências antes de fazer avaliações detidas e racionais. Isso foi criticado como irrealista e os psicólogos sociais defendem agora a hipótese da "avareza cognitiva", que presume que recursos limitados, incluindo tempo e poder de processamento mental, indicam que temos de ser parcimoniosos e fazer os julgamentos mais eficientes possíveis, com frequência baseados em informação limitada. Para realizar isso, usamos regras práticas mentais, conhecidas em termos técnicos como "heurísticas", que servem como atalhos cognitivos. Em consequência, tendemos a fazer julgamentos instantâneos, baseados em generalizações e estereótipos.

Traços centrais

Que tipo de heurística poderia afetar o julgamento que fazemos do vendedor de carros usados? Um estudo clássico, de 1946, do americano Solomon Asch constatou que as percepções das pessoas sobre um personagem baseado numa biografia fictícia foram drasticamente influenciadas por uma pequena mudança. Nesse experimento, dois grupos liam a mesma biografia e depois escolhiam adjetivos que se ajustavam à pessoa fictícia, mas para um grupo a pessoa era descrita como "calorosa" e para o outro, como "fria". Com base nessa diferença, a pessoa era vista como generosa, sociável e bem-humorada ou como o extremo oposto. Asch chamou a dimensão calorosa-fria de "traço central", querendo dizer com isso que ele influenciava com vigor a impressão global, em contraste com traços periféricos, que tinham pouco impacto sobre as percepções e suposições sobre outros traços. Contudo, o traço calorosa-fria em si não parece influenciar avaliações de confiabilidade e credibilidade.

Então, o que pode influenciar? Sustentamos teorias implícitas sobre as personalidades dos outros e uma característica dessas teorias implícitas da personalidade é que elas presumem que certos traços e características se agrupam. Por exemplo, atração física é implicitamente associada a outros atributos positivos, um tipo de viés conhecido como "efeito halo" (*ver* página 110). Foi demonstrado que os nomes trazem uma bagagem implícita, de modo que as pessoas acham certos nomes mais confiáveis que outros (por exemplo, num estudo de 1973, os nomes David e Karen eram mostrados como "confiáveis", enquanto Elmer e Bertha eram associados a "pessoas pouco atraentes"). Mas talvez o atributo mais importante para avaliar a confiabilidade seja o rosto de uma pessoa.

Tudo na cara

Uma série de estudos mostrou que os atributos faciais afetam intensamente as avaliações de confiabilidade. Segundo um estudo de 2014 conduzido por Carmel Sofer, da Universidade de Princeton e da Radboud University, em Nijmegen, na Holanda, ter um rosto médio faz você parecer mais confiável, talvez porque "o que o rosto tem de típico muitas vezes indica traços de família e filiação cultural".

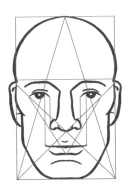

Rosto esquemático mostrando geometrias faciais básicas

Outros estudos mostram que as pessoas podem levar apenas 38 milésimos de segundo para tomar decisões confiáveis com relação a rostos, avaliando com extraordinária rapidez a geometria facial associada à confiança. Esses julgamentos são feitos, é bem possível, por uma estrutura cerebral chamada amígdala. Experimentos em pacientes com lesão cerebral da amígdala mostram que esses indivíduos não são bons para fazer julgamentos de confiabilidade — de fato suas avaliações tendem a ficar do lado oposto ao que é consenso. Para completar, um estudo por imagens do cérebro em 2014 mostrou que esses julgamentos instantâneos são feitos por nosso inconsciente ou pré-consciente, sem compreensão consciente. "Nossas descobertas sugerem que o cérebro responde de maneira automática à confiabilidade de um rosto antes mesmo que ela seja conscientemente percebida", segundo o doutor Jonathan Freeman, professor-assistente do Departamento de Psicologia da Universidade de Nova York. Isso poderia explicar um fenômeno bem conhecido na cognição social, o "efeito da primazia", que é, em essência, um modo que o psicólogo social tem de dizer que "as primeiras impressões são importantes".

POR QUE OS CARECAS NÃO PODEM SER PRESIDENTES?

Não houve homens carecas ou ficando calvos eleitos presidente dos Estados Unidos desde Eisenhower em 1953 e é lugar-comum da sabedoria política popular que uma cabeça cheia de cabelos é um importante, se não essencial, trunfo eleitoral. Quando fotos sugeriram que poderiam estar surgindo entradas no cabelo de Barack Obama durante o seu primeiro mandato, era também sugerido que isso podia significar o fim de suas chances de ganhar um segundo mandato. O obstáculo da calvície também pode se aplicar a outros lugares: no Reino Unido não houve um primeiro-ministro calvo desde Alec Douglas-Home em 1963-1964, e mesmo ele não ganhou o posto numa eleição. Enquanto isso, uma sucessão de líderes partidários de oposição britânicos, de Neil Kinnock a Michael Howard, eram calvos e perderam eleições.

O padrão não está restrito ao cargo mais alto. Em 2008, nos Estados Unidos, só 20% dos governadores eram calvos ou tinham grandes entradas, juntamente com apenas cerca de 15% dos senadores. Comparemos isso com a incidência geral de calvície clínica entre homens brancos caucasianos (que constituem a maior parte das autoridades eleitas), que a Sociedade Internacional de Cirurgia de Restauração Capilar estima em 50% em homens com mais de 45 anos e 60% nos que têm mais de 60. Uma disparidade tão nítida sugere que o obstáculo da calvície é um fenômeno real, não apenas um artefato estatístico ou um equívoco popular.

Halos e chifres

Será que os eleitores têm preconceito contra candidatos com pouco ou nenhum cabelo? Como pode algo tão superficial quanto a calvície ser um fator tão decisivo no que se considera uma escolha racional, ponderada, baseada em problemas e políticas sérios? Se a culpa deve ser atribuída ao preconceito do eleitor, a explicação óbvia é o "efeito halo", um fenômeno batizado pelo psicólogo Edward Thorndike para descrever uma forma de preconceito cognitivo em que sentimentos positivos sobre um atributo são aplicados a outros, que não têm relação com eles. Assim, alguém avaliado como mais atraente será também percebido como mais inteligente, mais responsável e um melhor líder, por exemplo. Isso também tem sido chamado de princípio "do que é bonito é bom". O oposto do efeito halo é o "efeito chifres", em que um atributo negativo desencandeia preconceito negativo sobre outros atributos. Presumindo que a calvície seja na verdade um atributo negativo, ela pode fazer com que os eleitores revelem uma prevenção contra candidatos calvos ao avaliar atributos mais relevantes.

Ambição patente

Contrariando esse argumento, há dois estudos. Há evidências de que a calvície esteja relacionada a percepções potencialmente positivas, como supremacia e inteligência. Por exemplo, um estudo de 2012 da Wharton School of Pennsylvania constatou que homens com cabeça raspada eram percebidos como mais masculinos e dominantes, com maior potencial de liderança. Por outro lado, uma pesquisa de Lee Sigelman e outros, publicada no *Journal of Nonverbal Behaviour* em 1990, parece demonstrar que o preconceito do eleitor não é a razão de homens calvos estarem sub-representados nos altos cargos. Num teste experimental de preconceito do eleitor, foram montadas disputas simuladas para o congresso em que os mesmos candidatos calvos eram apresentados com e sem perucas aplicadas por profissionais.

Nenhum preconceito de eleitor veio à tona, sugerindo, eles ressaltaram, "que o elo entre perda de cabelo e elegibilidade talvez se encontrasse em estereótipos de calvície alimentados por chefes de currais eleitorais e/ou pelos próprios homens calvos e a caminho da calvície". Em outras palavras, homens calvos são impedidos de concorrer com êxito (ou simplesmente de concorrer) pelo próprio conceito negativo que têm de si mesmos ou por não conseguirem o apoio financeiro e outros apoios de doadores e dos notáveis do partido, que são tão essenciais para o sucesso eleitoral. Em condições de igualdade, um homem calvo poderia muito bem ser eleito presidente.

COMO PESSOAS COMUNS PODEM COMETER CRIMES DE GUERRA?

Horrores como os do Holocausto representam um gigantesco desafio para a psicologia: sem dúvida nem todos os envolvidos tinham sido monstros psicóticos desde o nascimento, mas milhões ficaram ativamente comprometidos ou acumpliciados com crimes monstruosos. Como isso poderia ser destrinchado?

Psicanalisando os nazistas

A sombria psicologia envolvida é complexa e tem muitas facetas. A psicologia do preconceito, da identidade social com a prevenção de quem está dentro *versus* quem está fora do grupo, a psicologia da personalidade autoritária, tudo isso está envolvido (*ver* página 101, "Por que as pessoas são racistas?", para mais informações sobre o tópico).

O experimento de conformismo de Asch

A psicologia social tem estado particularmente interessada em como as crenças, atitudes e comportamentos ao nível da sociedade afetam o indivíduo. Em 1951, Solomon Asch concebeu um teste de conformismo – o grau em que um indivíduo se alinha com a maioria – no qual se pedia que o sujeito testado fizesse uma linha reta coincidir com uma dentre três linhas a serem comparadas com ela. Era óbvio qual dessas três linhas traria a resposta correta, mas Asch testava os sujeitos num contexto de grupo onde todos os outros participantes eram seus comparsas e todos davam uma resposta sem dúvida incorreta. O sujeito testado se sentava na ponta da fileira e era interrogado em último lugar sobre que linha ele achava que era a certa. Asch constatou que, em média, cerca de um terço dos participantes se conformava com a opinião incorreta da maioria, com cerca de três quartos dos participantes se conformando pelo menos uma vez, embora o outro quarto jamais se conformasse.

Quando ele perguntou aos conformistas por que tinham concordado com a resposta errada, alguns admitiram que fora para se ajustarem ao grupo e outros disseram que fora porque achavam que o grupo estava mais bem informado que eles. Aqui, pelo que se vê, houve uma nítida prova experimental do poder da pressão para fazer a pessoa se conformar e da suscetibilidade das pessoas comuns a esse poder.

Produto do seu tempo?

O experimento de Asch tem sido muito criticado pelo que os psicólogos chamam de sua baixa "validade ecológica", o que significa, na essência, que a situação experimental é muito artificial e não representa o mundo real. Também parece provável que o efeito que Asch encontrou fosse "um produto de seu tempo", pois aquele início dos anos 1950 era uma época de conformismo nos Estados Unidos. Talvez com as mudanças sociais radicais das décadas de 1960 e 1970, e o crescente individualismo, o efeito conformista não mais se manifestasse e uma réplica britânica do experimento de Asch, em 1980, constatou que em apenas um dentre 396 testes alguém se conformara com a maioria incorreta.

Apesar de suas limitações, o experimento de conformismo de Asch levantou profundas questões sobre a suscetibilidade à pressão para o conformismo. Quais eram os limites dessa pressão? Um dos mais famosos experimentos de psicologia decidiu testar uma variedade particular de conformismo: a obediência à autoridade. Na esteira do julgamento em Jerusalém, em 1960, de um dos arquitetos do Holocausto, Adolf Eichmann, o psicólogo social americano Stanley Milgram quis testar a premissa "de que Eichmann e seu milhão de cúmplices no Holocausto estavam apenas seguindo ordens. Poderíamos chamar todos eles de cúmplices?".

O experimento da prisão de Zimbardo

Um experimento ainda mais notório na Universidade de Stanford, em 1971, examinou melhor os limites e o poder do conformismo. O psicólogo americano Philip Zimbardo converteu o porão do Departamento de Psicologia da Universidade de Stanford numa prisão improvisada e pôs um anúncio pedindo rapazes saudáveis para participar de um experimento de prisão recebendo 15 dólares por dia.

Os participantes foram divididos de maneira aleatória em guardas e prisioneiros. Os designados para o grupo de prisioneiros passaram por detenções simuladas e procedimentos realistas de encarceramento, enquanto eram distribuídos uniformes, cassetetes e óculos espelhados aos guardas. Todos os participantes sabiam que os grupos tinham sido definidos de modo aleatório e foram informados de que poderiam, a qualquer momento, deixar de participar do experimento.

O que aconteceu em seguida foi extraordinário, pois os participantes começaram quase que de imediato a assumir seus papéis. Os "prisioneiros" se comportavam como prisioneiros reais e os guardas se tornavam cada vez mais autoritários e brutais. O experimento deveria durar duas semanas, mas Zimbardo sentiu-se obrigado a encerrá-lo depois de seis dias. Os resultados dramáticos pareceram demonstrar que, sem demora, os traços de personalidade do indivíduo são subordinados às demandas de um papel como "guarda" ou "prisioneiro", e só essa institucionalização já tem profundas consequências psicológicas. Embora severamente limitado em termos de dimensão da amostragem e replicabilidade, e muito criticado desde sua realização, o experimento da prisão de Zimbardo proporciona vigorosa evidência do potencial de desumanização de certas instituições e papéis.

O experimento de obediência de Milgram

Milgram constatou que, quando instruídos a agir assim por um experimentador, a maior parte dos participantes de um teste se dispunha a aplicar choques cada vez mais fortes a um "aluno", mesmo quando podiam ouvir berros de protesto e gritos de dor vindos da porta ao lado. Dois terços dos participantes atingiram um nível de choque com a marca: "perigo – choque severo". Muitos protestaram, mas o experimentador seguia um roteiro de incitações (chamadas de "cutucadas") que iam de "o experimento requer que você continue" a "você não tem saída a não ser continuar". "A extrema disposição de adultos para chegar quase ao mais incrível limite sob o comando de uma autoridade", Milgram refletiu, "constitui a principal descoberta do estudo e o fato que com maior urgência exige explicação."

POR QUE NOS APAIXONAMOS?

"*Love is a many-splendored thing*" [o amor é uma coisa deslumbrante], segundo uma popular canção e filme homônimo de 1955.* O refrão não tão romântico do psicólogo pode dizer que "o amor é uma coisa multifatorial". Esses fatores incluem julgamentos iniciais de atração física, emocional e mental, presunções individuais de atratividade, de compatibilidade e de como isso é avaliado, e sociobiologia.

Os semelhantes se atraem

A sociobiologia é o estudo dos aspectos biológicos, particularmente evolutivos, do comportamento social. Os sociobiólogos argumentam que, embora o amor soe como um conceito abstrato, metafísico, ele tem suas raízes na biologia e, portanto, na evolução. Estudos têm revelado certos aspectos fascinantes da sociobiologia do amor, em particular os que dizem respeito ao relacionamento entre compatibilidade e constituição genética.

---

* O título do filme no Brasil é *Suplício de uma Saudade*. (N.T.)

A evidência mostra que a força mais poderosa determinando a compatibilidade é a similaridade; as pessoas que são mais parecidas têm maior probabilidade de se acharem atraentes. Isso envolve desde atributos culturais, como filiação política ou gosto em música, até aspectos invisíveis de biologia, como comprimento dos dedos ou mesmo o nível de certos gases na corrente sanguínea.

O cheiro do amor

Mas num domínio da genética, a genética da resistência à doença, a complementaridade leva a melhor sobre a compatibilidade e parece que as mulheres, em particular, podem determinar os genomas mais complementares pelo sentido do olfato. Segundo a pesquisa feita em 1977 por Rachel Herz e Elizabeth Cahill no Centro de Sentidos Químicos Monell, na Filadélfia, "para as mulheres, como alguém cheira é a variável mais importante [na escolha de um parceiro]". Há forte evidência de que as mulheres podem captar pistas olfativas incrivelmente sutis, mas decisivas, que lhes dizem se alguém tem os "melhores" genes para elas (onde "melhores" significa os genes que mais favorecem a resistência à doença).

Uma demonstração incomum desse fato surgiu de pesquisas com camundongos, nas quais se tem mostrado a possibilidade de usar aromas como meio de determinar a escolha do parceiro. Para ver se o cheiro era o mecanismo sinalizador também em humanos, uma equipe da Universidade de Berna, na Suíça, liderada pelo zoólogo Claus Wedekind em 1995, concebeu um teste simples usando camisetas. Foram dadas camisetas a um grupo de homens e lhes foi pedido que dormissem duas noites com elas. As camisetas foram então colocadas em caixas com "buracos de cheiro" abertos nelas e as caixas foram dadas a um grupo de mulheres, que deviam cheirá-las e avaliar qual delas tinha o cheiro mais *sexy*".

Os genes de resistência à doença de todos os participantes foram sequenciados e os resultados comparados com as preferências indicadas pelas mulheres. Wedekind descobriu que as mulheres preferiam as camisetas de homens cujos genes de resistência à doença eram muito diferentes dos seus. Ficou claro que essas também eram as camisetas que elas diziam que tinham o cheiro mais parecido com o de seus parceiros, sugerindo que estavam de fato usando esse método para selecionar parceiros. Um ponto muito importante é que as mulheres do experimento não estavam tomando pílulas anticoncepcionais e estavam ovulando (isto é, estavam no momento mais fértil) quando o experimento foi realizado. A equipe suíça concluiu que os feromônios na transpiração dos homens estavam mediando sinais sobre sua constituição genética – sinais que as mulheres eram capazes de captar.

Triângulo amoroso

Uma das teorias mais populares sobre o amor é o modelo triangular de Robert Sternberg. Sternberg identifica três componentes principais do amor e afirma que diferentes formas de amor refletem diferentes combinações desses componentes. Os três componentes são a paixão, a intimidade e o compromisso:

Paixão: É o componente mais forte no início de uma relação romântica. Inclui excitação e atração sexuais (a "química") e eufóricos sentimentos românticos.

Intimidade: Esse componente se desenvolve no segundo estágio de um relacionamento, quando os parceiros se abrem um para o outro e compartilham seus pensamentos, sentimentos, necessidades e temores. A intimidade diz respeito à pessoa sentir-se próxima do parceiro e segura com ele.

Compromisso: É o componente que se desenvolve quando uma relação fica madura. O compromisso diz respeito a sentir-se leal para com o parceiro e para com o relacionamento; envolve estabilidade, segurança e vínculo.

Presumindo que cada componente possa estar presente ou não, isso dá oito combinações possíveis, cada uma delas associada por Sternberg a um estilo particular de relacionamento:

Desamor: Nenhum dos três componentes está presente.

Fascinação: Só paixão.

Afeto: Só intimidade.

Amor vazio: Só compromisso.

Amor romântico: Paixão e intimidade, mas não compromisso.

Amor de companheirismo: Intimidade e compromisso, mas não paixão.

Amor passageiro: Paixão e compromisso, mas não intimidade.

Amor completo: Todos os três componentes se apresentam. Sternberg acreditava que todos deviam aspirar ao "amor completo", mas também sustentou que os casais serão compatíveis se compartilharem uma coerência – isto é, uma visão semelhante de seu relacionamento.

VOCÊ SE LEMBRA DE TER NASCIDO?

A resposta a essa pergunta é "não", mesmo se você acreditar no contrário. Algumas pessoas afirmam que têm memórias do nascimento ou dos primeiros meses de vida, mas sem dúvida a amnésia do início da vida ou dos tempos de criança é um dos fenômenos mais antigos e observados com mais vigor em psicologia. As memórias mais precoces que podem ser recordadas vêm após os primeiros dois anos; memórias de antes disso são em geral confabuladas (o termo do psicólogo para "inventadas") ou apropriadas de outras pessoas.

Anos esquecidos

A amnésia infantil foi descrita pela primeira vez numa publicação de psicologia em 1893 e desde então foi várias vezes demonstrada de modo confiável. Em geral não há memórias do nascimento até os 2 ou 3 anos de idade (a idade média da memória mais antiga gira em torno de 3 a 3 anos e meio) e depois poucas memórias – menos do que seria esperado em um esquecimento normal – até por volta dos 7 anos. As memórias infantis não são armazenadas ou a recordação é bloqueada por algum motivo; ou talvez aconteça algo no cérebro da criança que remove ou reescreve as memórias.

Notória amnésia

Freud acreditava na segunda dessas três alternativas, argumentando que as primeiras memórias são codificadas, mas que sua recordação é bloqueada. Ele descrevia o fenômeno como "a notória amnésia da infância" e interpretava-o como evidência que dava respaldo a suas teorias sobre sexo, repressão e desenvolvimento da personalidade. Freud acreditava que a infância é o período de tremendos dramas psíquicos girando em torno do sexo: que as crianças jovens estão expostas a uma série de traumáticas experiências psicossexuais (como a "ansiedade da castração") e que a amnésia infantil resulta da supressão ativa dessas primeiras experiências, sendo portanto o resultado de repressão sexual e emocional. Sua teoria era polêmica no início do século XX e hoje é rejeitada em larga escala pelos psicólogos.

Teorias cognitivas sugerem que as memórias infantis não são codificadas por completo – pelo menos, não numa forma que seja acessível quando ficamos mais velhos. Uma possibilidade é que, sem linguagem, a mente infantil não tenha as ferramentas para conceitualizar memórias ou fazer associações; talvez a falta de um sentido de desenvolvimento do eu traga um bloqueio similar. Mas essas explicações cognitivas não conseguem dar conta da descoberta de que outras espécies, incluindo ratos e camundongos, também tenham apresentado amnésia infantil.

Remoção

Além disso, estudos sobre bebês tanto de ratos quanto de humanos mostram que, mesmo novos, conseguem aprender e formar memórias. Talvez, então, a terceira alternativa seja a explicação correta: está acontecendo algo que remove ou reescreve as memórias. Estudos de Sheena Josselyn e Paul Frankland no Hospital for Sick Children em Toronto, em 2013, sugerem que a culpa é do nascimento de novas células (um processo conhecido como "neurogênese") numa parte crucial do cérebro que regula a memória, o hipocampo. Essa região do cérebro é conhecida por estar envolvida com a "memória episódica" (memória de acontecimentos), em especial a memória autobiográfica. Nos ratos, camundongos e humanos, o hipocampo é o lugar de extensa neurogênese, mas a taxa de geração de novas células cai de maneira abrupta com a idade.

Frankland e Josselyn encontraram evidência de que, quando a neurogênese declina, a disponibilidade de memórias de longo prazo aumenta. Mostraram que neurogênese estimulada de modo artificial em ratos adultos leva a perda de memória enquanto, inversamente, espécies que nascem com cérebro maduro e experimentam pouca neurogênese, como os porquinhos-da-índia, não mostram amnésia infantil. A neurogênese no hipocamo é essencial para equipar as crianças com a capacidade de aprender e armazenar memórias quando elas ficam um pouco mais velhas, sugerindo que a amnésia infantil é o preço de uma boa memória.

POR QUE OS BEBÊS CHORAM TANTO?

Pode parecer evidente que os bebês choram porque precisam sinalizar que estão com fome ou alguma outra necessidade e eles não sabem falar. Contudo, a maior parte dos pais de crianças pequenas talvez adore imaginar um mundo onde os bebês usam um modo menos angustiante – e mais silencioso – de comunicação. Por isso uma explicação do choro infantil precisa ser mais abrangente.

Monstros do id

No relato de Freud sobre o desenvolvimento da personalidade, a psique da criança é id puro, bruto, consistindo tão somente de desejos e necessidades. Não tem fronteiras do ego, isto é, nenhum senso de fronteiras entre o eu e o resto do universo e, portanto, não diferencia necessidades e desejos pessoais do mundo exterior que deve satisfazê-los. O processo de aprender que o universo não corresponde ao eu interior, portanto que ter um desejo não é sinônimo de sua satisfação – descobrindo com efeito que o mundo não gira à sua volta – é sem a menor dúvida excruciantemente doloroso, tanto no sentido psíquico quanto no sentido físico. Talvez não seja de admirar que o bebê chore, quando segundo esse modelo sua existência é uma espécie de trauma contínuo.

Teoria do apego

A explicação de Freud era em grande parte especulativa, por mais que ele afirmasse que estava baseada em evidência, e não traz uma visão da possível função do choro. Na psicologia do desenvolvimento, o ramo da psicologia que estuda como a mente e o comportamento se desenvolvem e se alteram durante a vida, o modelo predominante do pensamento e comportamento infantis tem se baseado na teoria do apego, do psiquiatra britânico John Bowlby.

Após a Segunda Guerra Mundial, Bowlby foi encarregado pela Organização Mundial da Saúde (OMS) de estudar os efeitos sobre a psicologia das crianças criadas em orfanatos e teorizou que o apego a uma figura materna nos primeiros dois anos de vida é essencial para um desenvolvimento psicológico saudável. Bowlby foi influenciado pelo trabalho de 1937 do etólogo austríaco Konrad Lorenz, que investigava os mecanismos inatos pelo quais animais recém-nascidos se apegavam aos pais. Bowlby acreditava que os humanos também têm comportamentos programados, instintivos, que acentuam o apego e que o choro é um deles. Na teoria do apego, chorar é um "aliviador inato" – libera, nos adultos, comportamentos parentais inatos. Os adultos têm disparadores embutidos, automáticos, que são ativados pelo choro de uma criança e que dão uma pista de como funcionam as atitudes de prestar cuidados.

Há evidência de que o cérebro adulto pode estar perfeitamente programado para responder a choros de crianças. Um estudo de

2012 de Kate Young e de Christine Parsons da Universidade de Oxford usou imagens do cérebro para monitorar a atividade cerebral em adultos que ouviam um bebê chorar. Descobriram que o som desencadeava um surto instantâneo de atividade, seguido por intensa reação após cem milésimos de segundo, com extensa atividade em partes do cérebro associadas à geração de emoção. Outros sons não produziam uma reação tão intensa. "Isso pode ser uma resposta fundamental presente em todos nós, independentemente da condição parental", comentou Parsons.

Impelidos à ação

Uma segunda teoria do choro é derivada da teoria da aprendizagem no behaviorismo e encara o choro como um "reforço negativo". Trata-se de um estímulo que produz uma resposta visando deter ou limitar o estímulo; em outras palavras, supõe-se que os pais achem desagradável ouvir o choro porque isso os motiva a agir para deter o choro atendendo às necessidades do bebê. O problema com isso é que é mais simples escapar de um estímulo que nos provoca mal-estar do que agir para detê-lo; sob essa base, portanto, o choro do bebê pode facilmente ser contraproducente. Uma terceira teoria é que o choro se destina a provocar uma "angústia solidária", em que um adulto que o ouve experimenta uma involuntária e intensa resposta emocional. Isso gera sentimentos de simpatia, o que por sua vez traz à tona o altruísmo e o comportamento prestativo.

Melodrama evolutivo

Um quarto tipo de explicação vem da perspectiva da sociobiologia (o estudo de como os comportamentos proporcionam benefícios evolutivos). Segundo a teoria de 1972 do sociobiólogo americano Robert Trivers, o choro infantil pode ser uma espécie de ato teatral (ainda que não perpetrado de maneira consciente): um meio melodramático de usar sinais de sofrimento físico, ostensivamente associados a dificuldades respiratórias, para induzir os pais a dar um suprimento extra de recursos (isto é, comida e carinho). Os bebês que conseguissem "enganar" os pais, levando-os a pensar que os filhos estavam com dificuldades respiratórias, ganhariam mais comida, teriam maiores chances de sobreviver e seria mais provável que passassem seus genes para a geração seguinte.

POR QUE OS FILHOS IMITAM OS PAIS?

Os filhos imitam os pais porque se identificam com eles, usando-os como modelos a partir dos quais podem aprender comportamentos e procurando sua aprovação ao se moldarem dessa maneira.

A ponte

Essa é a explicação oferecida pela teoria da "aprendizagem social" de Albert Bandura, uma influente abordagem do aprendizado das décadas de 1960 e 1970. Vista com frequência como uma ponte entre o behaviorismo e a psicologia cognitiva, a teoria da aprendizagem social também incorpora elementos da psicologia freudiana.

No behaviorismo, a aprendizagem é um processo de condicionamento em que a resposta a um estímulo é positiva ou negativamente reforçada. O reforço positivo fortalece a associação entre o estímulo e a resposta particular e, assim que essa associação foi condicionada, ocorre o aprendizado. O organismo que está no meio é, em essência, uma caixa preta. O que acontece entre seus ouvidos, ao processar o estímulo para desencadear a resposta, é irrelevante, insignificante ou ambas as coisas.

Modelagem

A abordagem da aprendizagem social de Bandura introduz a cognição. Entre o estímulo e a resposta, ocorrem processos mentais, permitindo que a "modelagem" ocorra. Modelagem é a observação das atitudes e comportamentos de outras pessoas, atentando para os resultados desses comportamentos e usando isso como base para o nosso próprio comportamento. "A maior parte do comportamento humano é aprendida pela observação através da modelagem", escreveu Bandura. "Ao observar outros, a pessoa forma uma ideia de como novos comportamentos são praticados e, em ocasiões posteriores, essa informação codificada serve como um guia para a ação." A modelagem requer atenção, para nos direcionar ao comportamento-alvo; memória, ao codificar e recordar o comportamento; e motivação, para conduzir o processo. Todos são processos cognitivos.

Bandura também recorreu a Freud ao explicar a parte motivação do processo. Quando nos modelamos a partir de uma pessoa em particular, disse Bandura, identificamo-nos com ela, o que implica adotar não apenas seus comportamentos, mas também suas crenças, atitudes e valores. Na psicologia freudiana, "identificação" é um processo que aumenta a autoestima porque o alvo da identificação é alguém que admiramos e de quem buscamos aprovação. Bandura viu o processo em termos similares, embora sublinhasse que podemos nos identificar com qualquer um (enquanto Freud era muito mais restritivo).

O estudo do joão-bobo de Bandura

A mais conhecida demonstração experimental de aprendizagem social oferecida por Bandura foi o estudo do joão-bobo. Um joão-bobo é um boneco do tamanho de uma pessoa pintado como palhaço. Com uma base redonda, ele volta à vertical quando empurrado para trás.

No estudo, é mais provável que as crianças que viram um modelo adulto brincando de maneira agressiva com o joão-bobo reproduzam esse comportamento mais tarde (batendo num joão-bobo menor) e, em experimentos posteriores, o simples fato de verem um vídeo com um modelo agressivo estimulava um comportamento agressivo. Foi constatado que os meninos eram mais agressivos que as meninas e era mais provável que tanto meninos quanto meninas imitassem o comportamento agressivo de um modelo masculino que de um modelo feminino.

Bandura concluiu que as crianças estavam aprendendo com o modelo adulto e o experimento tinha também implicações evidentes acerca da questão de se a exposição à violência na mídia desencadeia comportamento agressivo. Mas seu experimento tem sido criticado por não possuir "validade ecológica", isto é, ele usou um cenário pouco realista que não refletia situações da vida real. Em particular, os críticos sugerem que o comportamento "agressivo" das crianças não era uma verdadeira agressão (quando batiam no joão-bobo, as crianças com frequência se comportavam como se aquilo fosse uma grande brincadeira) e que elas estavam apenas refletindo as "características reclamadas" pelo experimento, o que significa dizer, estavam fazendo o que achavam que era esperado delas no contexto do experimento.

QUANDO AS CRIANÇAS PERCEBEM QUE NÃO DESAPARECEM AO TAPAR OS OLHOS?

Até por volta dos 3 para os 4 anos de idade, as crianças acreditam que não podem ser vistas por outros se taparem os olhos. Esse fenômeno de "esconde-esconde" pode parecer pouco mais que um divertido equívoco da infância, mas a capacidade de imaginar o que outros podem ver – e portanto de saber que o fato de não podermos ver os outros não significa que eles não possam nos ver – é um dos componentes centrais da mente humana e está entre as maiores glórias da evolução da inteligência humana. O momento em que uma criança se torna capaz de pensar a respeito do que os outros podem ver marca uma profunda transição para um avançado nível de cognição; isso distingue os humanos do restante do reino animal e abre novos mundos de pensamento e comportamento, mundos que provavelmente foram cruciais para a evolução da nossa espécie.

O que permite que uma criança imagine o que outras pessoas possam ser capazes de ver (e, em consequência, pensar)? Os psicólogos dizem que é a "teoria da mente": um conjunto de ferramentas ou regras mentais que nos permitem assumir o lugar dos outros. Cada vez que pensamos a respeito de outras pessoas, o que podem dizer, fazer ou sentir, como podem reagir e como vamos lidar com elas, estamos empregando a teoria da mente. Como envolve um tipo de psicologismo cotidiano em que todos se empenham de forma contínua, ela é às vezes chamada apenas de "psicologia popular".

Anne levada

A expressão "teoria da mente" foi cunhada por dois estudiosos dos primatas, David Premack e Guy Woodruff, numa monografia de 1978 em que perguntavam: "O chimpanzé tem uma teoria da mente?" Seus testes mostravam, por exemplo, que se um chimpanzé tivesse de decidir a quem pedir comida (alguém que pudesse ver onde estava a comida *versus* alguém de olhos vendados), não escolheria melhor do que se desse um palpite qualquer. Em outras palavras, os chimpanzés não eram capazes de teorizar sobre o estado mental da pessoa vendada e, assim, concluir que ela não podia ver a comida.

As crianças podem se sair melhor? Um estudo básico testou crianças quanto à capacidade de atribuir falsas crenças, isto é, de entender que as outras pessoas podem acreditar em algo que elas sabem ser falso. No teste "Sally-Anne", apresentavam a uma criança um joguinho envolvendo duas bonecas, Sally e Anne. Anne vê Sally esconder uma bola num cesto; Sally sai, Anne pega a bola e a coloca numa caixa. Quando Sally volta, perguntam à criança: "Onde Sally vai procurar a bola?" As crianças com menos de 3 anos de idade em geral dizem que Sally vai olhar na caixa; crianças com mais de 4 anos atribuem corretamente a Sally a falsa crença de que a bola ainda está no cesto. Elas desenvolveram uma teoria da mente.

O olho vê você

Do mesmo modo, crianças com mais de 4 anos de idade serão capazes de entender que o simples fato de não poder ver outras pessoas não significa que as outras pessoas também não possam vê-las. Mas a história por trás do fenômeno do esconde-esconde pode não se resumir à teoria da mente. Uma pesquisa de James Russell e colegas na Universidade de Cambridge mostrou que, para as crianças, o fator crucial é que os olhos não possam ser vistos pelos outros, ou melhor, que os outros não possam olhar dentro deles. Em outras palavras, as crianças conservam a crença de que, para sermos vistos por alguém, é preciso o contato direto dos olhos. "É como se as crianças aplicassem o princípio da atenção conjunta ao ego e presumissem que, para alguém ser percebido, a experiência tem de ser compartilhada e reciprocamente conhecida para ser compartilhada, como acontece quando dois pares de olhos se encontram".

COMO AS CRIANÇAS APRENDEM A LER?

Ao contrário do processo, aparentemente fácil, de aprendizagem para falar (*ver* página 81), que parece ocorrer de maneira tão natural que tem sido levantada a hipótese de um módulo inato de aquisição da linguagem, aprender a ler pode ser de fato muito difícil. A visão tradicional de como aprendemos a ler é que aprendemos a "decodificar" – isto é, aprendemos as relações entre sons e letras ou combinações de letras e aplicamos isso para traduzir palavras escritas em sons. Isso parece verdadeiro para a maioria das crianças, mas não é necessariamente toda a história.

Como andar de bicicleta

Com a decodificação da linguagem, as crianças aprendem todo um conjunto de regras que regem a tradução de "grafemas" (letras e combinações de letras) em "fonemas" (sons). Por exemplo, a letra "x" pode ser lida com som de ch, s, z, cs e ss. Mas em português e em muitas outras línguas, as regras não conseguem dar conta de todos os aspectos da tarefa e talvez as crianças estejam na verdade formulando relações probabilísticas entre grafemas e fonemas, em vez de estarem apenas memorizando regras. Nesse sentido, talvez aprender a ler seja menos parecido com memorizar regras e mais parecido com adquirir uma habilidade, como andar de bicicleta ou agarrar uma bola.

Leitores precoces

Há também toda uma classe de leitores que não aprenderam por meio da decodificação gradual, mas parecem ter aprendido a ler de uma maneira mais semelhante à aquisição da linguagem. Conhecidas como "leitores precoces", são crianças que aprendem a ler com fluência aos 4 anos de idade e constituem cerca de 1% das crianças que entram no primeiro ano escolar. Leitores precoces são autodidatas, não tendo recebido ensino formal ou estruturado, mas não são necessariamente muito inteligentes. Têm pouco em comum como grupo além de pertencer a famílias cultas, nas quais a leitura é comum e valorizada.

A existência de leitores precoces tem sido vista como evidência para sustentar a corrente de pensamento conhecida como aprendizagem natural, que argumenta que ler não deveria ser ensinado como um conjunto de regras progressivas treinando crianças em decodificação ("aprendizagem centrada no processo"). Em vez disso, as crianças deveriam ser orientadas a ensinar elas próprias a ler, aprendendo de início a reconhecer palavras inteiras e, de modo categórico, privilegiando o significado em vez das regras fonéticas de decodificação ("aprendizagem centrada no significado"). As regras de decodificação vêm mais tarde e podem ser deduzidas pela criança que já consegue captar o significado e, assim, tem prazer em ler mais.

As Guerras de Leitura

A visão oposta, defendida pelo movimento fônico, é que, para a maioria das crianças, o treinamento em decodificação alcança resultados superiores. O choque entre estilos de ensino foi apelidado de "Guerras de Leitura" e o consenso geral é que o movimento fônico venceu, com base na sólida evidência de sucesso educacional quando as duas estratégias são estudadas em termos experimentais. Pode ser que, no ambiente de sala de aula, com intensas relações criança-professor, o aprendizado natural seja inapropriado e contraproducente.

Contudo, mesmo com o método fônico, milhões de crianças têm dificuldades para aprender a ler e os psicólogos chamam a atenção para a dimensão da tarefa em termos cognitivos. O cérebro de uma criança com cerca de 5 anos de idade tem de desenvolver o que o renomado ativista da leitura, David Boulton, chama de "um módulo de simulação da linguagem – algo que pode absorver instruções e informações de um código externo e gerar uma experiência interna de linguagem que podemos, então, ponderar e entender". Segundo Boulton, essa decodificação tem de trabalhar a uma velocidade assombrosamente rápida de 25 milésimos de segundo por letra-som: "Tudo tem de acontecer incrivelmente rápido".

Batalha pela largura de banda

Essa tarefa extremamente exigente requer tudo da "largura de banda" cognitiva da criança, mas crianças dessa idade têm de lidar ao mesmo tempo com outro desafio cognitivo que também consome largura de banda: a regulagem emocional, que afeta de maneira profunda a atenção. De acordo com o renomado psicólogo infantil americano, o doutor Mark Greenberg, "crianças que têm dificuldades em manter a atenção são com frequência crianças que também apresentam dificuldades em regular suas emoções". Isso por sua vez leva a crianças desenvolvendo atribuições negativas (como "eu não sou bom nisso") e, diz Greenberg, na verdade "essas distrações diminuem sua capacidade de fazer a tarefa com a qual estão tendo dificuldade".

Em outras palavras, aprender a ler diz respeito a mais que apenas dominar as regras de decodificação; implica superar um conjunto interligado de desafios, incluindo regulagem emocional, atenção e memória. Talvez não surpreenda que não menos de uma em cada cinco crianças tenha uma significativa dificuldade com a leitura, segundo o Centro Nacional de Distúrbios de Aprendizagem dos Estados Unidos, com a desordem mais comum relacionada à leitura, a dislexia, afetando de 13% a 14% da população em idade escolar, segundo a Associação Internacional de Dislexia.

POR QUE OS ADOLESCENTES SÃO MAL-HUMORADOS?

Erik Erikson, uma das figuras mais importantes do movimento psicanalítico depois de Freud, chamou, em 1956, de "psicopatologia da adolescência cotidiana" o estereotipado comportamento adolescente de alheamento, impertinência e desafio.

As oito idades do homem

Para Erikson, a fase adolescente do ciclo de vida constituía um dos estágios principais em sua influente e popular "teoria psicossocial", uma descrição dos diferentes estágios por que passa cada indivíduo e dos desafios psíquicos que ele tem de superar em cada etapa. Sua teoria de 1959 é às vezes conhecida como as "oito idades do homem". Erikson dizia que a adolescência é caracterizada por um conflito entre identidade e confusão de papéis e que, para resolver esse conflito, o indivíduo tem de alcançar um senso de autoidentidade. Essa tarefa, ele escreveu, implica encontrar um "sentimento de estar em casa em seu próprio corpo, um senso de saber para onde se está indo e uma segurança interior de obter reconhecimento antecipado por parte daqueles que contam".

IDOSO:
Integridade do ego *vs.* Desespero

ADULTO:
Generatividade *vs.* Estagnação

JOVEM ADULTO:
Intimidade *vs.* Isolamento

ADOLESCENTE:
Identidade do ego *vs.* Confusão de papéis

CRIANÇA EM IDADE ESCOLAR:
Diligência *vs.* Sentimento de inferioridade

CRIANÇA EM IDADE PRÉ-ESCOLAR:
Iniciativa *vs.* Culpa

CRIANÇA DE TENRA IDADE:
Autonomia *vs.* Vergonha e dúvida

BEBÊ:
Confiança *vs.* Desconfiança

Aumento de Complexidade

A adolescência é, sem sombra de dúvida, o período em que todos esses três desafios mostram sua força máxima. Para dar um exemplo, a imagem corporal enfrenta uma de suas maiores crises na adolescência, com o crescimento rápido desafiando o sentimento de domínio das funções corporais que foi conquistado a duras penas na infância. Ao mesmo tempo, uma enxurrada de hormônios encontra uma maré de pressões sociais e culturais. A alteração da imagem corporal desencadeia problemas particulares para as meninas, porque os imperativos culturais estão, de modo cruel, em oposição aos biológicos. Nas meninas, a puberdade provoca um aumento maior na composição de gordura do corpo do que nos meninos, que tendem a ganhar massa muscular; o peso da expectativa sobre a imagem corporal cai tradicionalmente, em primeiro lugar, sobre as meninas.

Imperativos culturais reforçam a necessidade de ser magra, mesmo que a biologia empurre na direção oposta. Segundo Erikson, a confusão de identidade na adolescência leva a uma inevitável crise de identidade: "Não há outra etapa na vida na qual a possibilidade de encontrar-se a si mesmo e a ameaça de perder-se a si mesmo estejam tão intimamente vinculadas".

Regressão e ambivalência

O renomado psicanalista infantil Peter Blos descreveu, em 1962, a adolescência como um "segundo processo de individuação" (individuação é o processo de moldar – ou talvez talhar – um senso de autoidentidade distinto dos outros), envolvendo descomprometimento, visto que o adolescente tenta forjar um senso independente de identidade. O descomprometimento gera regressão, como quando os adolescentes procuram pai substitutos por meio do culto do herói (por exemplo, ídolos dos esportes ou astros de rock), e ambivalência. Ambivalência é a tensão entre dependência e independência, e é uma característica do início da infância.

Na adolescência, a ambivalência é reativada numa forma extrema e é isso que explica grande parte do estereotipado comportamento "mal-humorado" do adolescente. O adolescente precisa e rejeita ao mesmo tempo o amor e a aprovação dos pais. Isso pode assumir a forma de "dependência negativa", em que o comportamento do adolescente continua governado pelos desejos dos pais, mas em negativo (no sentido fotográfico) – ao fazer o contrário do que os pais querem, o adolescente permanece, não obstante, dependente deles. Blos sustentou que a regressão é uma fase necessária da luta adolescente pela individuação: uma defesa adaptativa contra a tentação de cair de novo na dependência dos adultos.

Sturm und Drang?

O principal problema dessas teorias, que fazem parte do que é conhecido em psicologia como "teoria clássica da adolescência", é que a evidência mostra que, em geral, os adolescentes estão muito bem ajustados. Por exemplo, um estudo de 1976 do National Children's Bureau, do Reino Unido, feito com mais de 14 mil jovens de 16 anos, constatou que a grande maioria dos pais (em torno de 80% a 90%) relatava pouquíssimo conflito com os filhos adolescentes acerca de questões como a escolha de amigos, o que fazem à noite e se têm hábitos de beber, e que os próprios relatos dos adolescentes davam respaldo a isso. Assim, talvez o que G. Stanley Hall, no texto que deu origem à psicologia adolescente, *Adolescência* (1904), descreveu de maneira memorável como a *Sturm und Drang* ("tempestade e estresse") dos anos de adolescência, seja antes uma tempestade num copo d'água; um equívoco popular muito ampliado por uma estereotipia cultural.

POR QUE ALGUMAS PESSOAS SÃO TÍMIDAS?

"Já concentrei muitas vezes meus pensamentos na difícil questão", escreveu o antigo filósofo grego Teofrasto por volta de 300 a.C.: "Por que será que, apesar de toda a Grécia descansar sob o mesmo céu e todos os gregos serem educados de forma semelhante, todos nós somos diferentes em termos de personalidade." Desde então, as pessoas têm se perguntado sobre os diferentes tipos de personalidade e de onde eles vêm.

Tipos psicológicos

Tipos e traços da personalidade são o domínio da disciplina conhecida como psicologia diferencial. Como discutido na página 97 ("Por que os caras bonzinhos acabam por último?"), a psicologia diferencial identificou cinco grandes dimensões da personalidade. A mais conhecida e, segundo alguns, a mais importante dessas dimensões é a introversão-extroversão. Diz-se que pessoas tímidas são introvertidas; elas se encontram no extremo introversão da dimensão.

Tipos típicos

Eysenck caracterizou o "introvertido típico" como "um tipo de pessoa discreta, que tende a se isolar, introspectiva, que gosta mais de livros que de pessoas... reservada e distante, exceto para amigos íntimos". Características associadas incluem "desconfiança do impulso e do arrebatamento... seriedade... controle rígido [de emoções]... [e] confiabilidade".

Em contraste, disse Eysenck, o extrovertido típico é:

sociável, gosta de festas, tem muitos amigos, precisa ter pessoas para conversar... Anseia pela emoção, corre riscos... age sob a incitação do momento e é geralmente impulsivo... gosta de mudanças; é despreocupado, flexível, otimista... prefere se manter em movimento e fazendo coisas, tende a ser agressivo... no todo seus sentimentos não são mantidos sob estrito controle e nem sempre é uma pessoa confiável.

Os termos "extroversão" e "introversão" foram cunhados pelo psicanalista Carl Jung num livro de 1921, *Psychologische Typen* (*Tipos Psicológicos*), mas as ideias fundamentais remontam aos humores e temperamentos associados a eles do mundo clássico (*ver* página 12). Temperamentos coléricos e sanguíneos foram caracterizados por Wilhelm Wundt (1832-1920), o primeiro psicólogo, como "permutáveis" e isso foi mais tarde considerado equivalente a extroversão pelo psicólogo diferencial Hans Eysenck (1916-1997), uma dos nomes mais influentes da área.

Excitação e recompensa

Foi Eysenck que, no final dos anos 1940, adaptou termos de Jung para descrever uma dimensão – extroversão-introversão, também conhecida como "E" – que ele identificara por meio da análise estatística de dados da personalidade fornecidos pelos setecentos soldados de que estava tratando (*ver* página 148 para uma descrição dos traços de introvertidos e extrovertidos). Eysenck acreditava que dimensões tão fundamentais da personalidade deviam ter uma base na biologia. Sustentou que a dimensão E está baseada em diferenças na "excitabilidade" ou "ativação" cortical, a intensidade e magnitude da atividade cerebral. Eysenck sugeriu que os introvertidos têm naturalmente níveis mais elevados de ativação cortical, processando mais depressa as informações, enquanto os extrovertidos têm uma ativação mais baixa. Os introvertidos são, portanto, mais sensíveis a estímulos externos, que podem sobrecarregar com facilidade seus canais de processamento da informação e, assim, se comportam de modo a minimizar a exposição a estímulos, enquanto os extrovertidos procuram maior estimulação para compensar seus níveis mais baixos de ativação.

Uma teoria rival, chamada de "teoria da sensibilidade ao reforço", foi proposta por Jeffrey Gray em 1970. Ele sugeriu que a base para a dimensão E se encontra no modo como o sistema de recompensa do cérebro trabalha, com o cérebro dos extrovertidos sendo mais sensível a recompensas, como as geradas por interações sociais, fazendo com que fiquem motivados para buscar essas recompensas. Há evidência experimental para ambas as teorias, como o "experimento da limonada", que mostra que os introvertidos salivam mais em resposta à limonada porque têm níveis mais altos de atividade na parte do cérebro que regula a ativação cortical e que responde aos estímulos do paladar.

O QUE OS TESTES DE QI REALMENTE MEDEM?

Há muito ceticismo em torno dos testes de QI e uma das acusações mais comuns é que eles testam apenas nossa capacidade de nos sairmos bem em testes de QI. Isso explica a famosa declaração do psicólogo do início do século XX Edwin Boring de que a inteligência deveria ser definida como "aquela qualidade que é medida por testes de inteligência". Devem, então, os testes de QI ser levados a sério? São realmente uma boa medida de inteligência?

O que é um teste de QI?

QI significa "quociente de inteligência". Quociente é outra palavra para taxa; um quociente, portanto, é o número que obtemos dividindo ou comparando uma quantidade com outra. Definir o que se entende por inteligência não é tão simples. Em 1994, a força-tarefa sobre inteligência da Associação Americana de Psicologia (APA, na sigla em inglês) admitiu: "Quando pediram recentemente a duas dúzias de teóricos proeminentes para definir inteligência, eles deram duas dúzias de definições um tanto diferentes". A própria APA sugeriu a seguinte definição: "[A] capacidade de compreender ideias complexas, de adaptar-se de modo efetivo ao ambiente, de aprender com a experiência, de envolver-se em várias formas de raciocínio, de superar obstáculos pela reflexão".

Modernos testes de QI trabalham testando vários tipos de aptidão mental, como nossa aptidão com as palavras, nossa aptidão para números, para manipular formas em nossa mente e para pensar de maneira lógica; nossas pontuações nesses testes são então combinadas para dar uma pontuação global. Essa pontuação é comparada com a pontuação média e o resultado desse cálculo dá o nosso QI. Nosso QI é, portanto, um meio de descrever nossa inteligência comparada à de outras pessoas (de outros adultos, para ser preciso). Por definição, uma pontuação de 100 de QI é a média – se alcançássemos uma pontuação de 100 num teste de QI, isso significaria que éramos de inteligência média para nossa idade.

O que não é

O que o QI não é pode ser tão importante quanto aquilo que ele é se quisermos trabalhar melhor com esse conceito tão mal compreendido. QI não é o mesmo que inteligência, embora a diferença entre as duas coisas dependa de quem responde as nossas perguntas. Alguns psicólogos sustentam que testes de QI só analisam aspectos muito específicos da inteligência e que uma pontuação de QI é uma descrição precária da inteligência global porque deixa de levar em conta aspectos importantes da pessoa como, por exemplo, até que ponto ela sabe lidar com os outros ou até que ponto sabe utilizar suas mãos. Outros sustentam que testes de QI são uma medida quase perfeita de inteligência e que, portanto, uma pontuação do QI é uma descrição excelente da inteligência de alguém.

O QI *não* é uma medida de conhecimento, sabedoria ou memória, embora eles possam perfeitamente estar relacionados com a nossa pontuação de QI, assim como podem estar relacionados com nossa inteligência. A memória em particular – ou pelo menos alguns tipos de memória, como a memória de trabalho – pode desempenhar um papel fundamental para determinar nosso desempenho em testes de QI. O QI *não é* uma medida de potencial, mas de desempenho. Nossa pontuação de QI é uma medida de como nos saímos no teste num determinado momento. Podemos ter potencial para um desempenho muito melhor.

O fator *g*

Se um teste de QI é constituído de diferentes tipos de pergunta, que testam diferentes tipos de aptidão mental, como pode um teste de QI ser usado como medida única? Os diferentes tipos de pergunta não estão medindo coisas diferentes? Como podem ser combinados para dar uma pontuação global – isso não é como comparar maçãs e laranjas?

A resposta é não – pelo menos, provavelmente não. Fica claro que os diferentes tipos de pergunta estão medindo diferentes aspectos da mesma coisa ou, no mínimo, que nossa aptidão em diferentes áreas deve-se em grande parte a um único fator comum. Os psicólogos chamam esse fator comum de "inteligência geral" ou utilizam a notação abreviada "*g*". Uma análise estatística sugere que QI e *g* são 90% a mesma coisa (ou, em termos técnicos mais apurados, que *g* e QI estão correlacionados numa proporção aproximada de 90%), de maneira que muitos psicólogos usam os termos de modo permutável.

O QI TEM IMPORTÂNCIA?

Uma expressão comum da sabedoria popular é que o teste de QI tem pouco a ver com o mundo real e que ser "bom de teste" ou intelectual não vai ajudá-lo a se graduar na "universidade da vida". Uma rápida olhada em questões típicas do teste ilustra por que é fácil desacreditar a relevância dos testes de QI: talentos como o de ser capaz de prever que a próxima forma de uma série deveria ser um triângulo dentro de um hexágono ou ser capaz de decodificar anagramas de substantivos coletivos não parecem ter muita relação com as tarefas do mundo real, como consertar uma pia ou avaliar empregados.

A capacidade de prever

A evidência, no entanto, mostra com mais clareza que o desempenho em testes de QI tem *na verdade* muita relevância para os problemas do mundo real e, em particular, que dá um bom prognóstico de tudo, do rendimento escolar e sucesso numa profissão a riqueza e saúde. Por exemplo, tem sido demonstrado que é mais provável que pessoas com elevados índices de QI se saiam melhor na escola, consigam empregos melhores e mais bem pagos e sejam mais bem-sucedidas neles, e também que vivam mais tempo e se conservem mais saudáveis durante mais tempo que pessoas com baixos índices de QI.

Comparadas a quem tem um QI superior a 110, as pessoas de QI na faixa de 75 a 90 têm 88 vezes maior probabilidade de largar a escola, cinco vezes maior probabilidade de viver na pobreza e sete vezes maior probabilidade de acabar na prisão. Num nível nacional, o QI médio de um país se correlaciona diretamente com seu PIB *per capita*. Um estudo de 2011, publicado no *Psychological Science*, examinou noventa países e descobriu que a "inteligência dos [cidadãos], em particular dos 5% mais inteligentes, deu uma grande contribuição ao fortalecimento de suas economias". O PIB *per capita* subia 229 dólares por ponto de QI médio, enquanto o efeito era ainda mais pronunciado quando se olhava para o QI dos 5% mais inteligentes da população, em que cada ponto adicional de QI valia um extra de 468 dólares para o PIB *per capita*.

Estudos sobre o uso dos testes estilo QI como ferramenta para selecionar candidatos a um emprego mostram que eles são tão bons para selecionar empregados bem-sucedidos quanto entrevistas detalhadas, estruturadas, e melhores que outras medidas, como anos de experiência no trabalho. É importante enfatizar que nenhuma medida tem uma força de previsão de 100% para esses indicadores vitais. Pontuações de QI têm, na maior parte das vezes, uma força de previsão de 30% a 50% (para os indicadores mencionados), o que significa que podem prever até 50% da variação, digamos, na renda. Talvez isso não pareça impressionante, mas é melhor que quase todas as outras medidas de avaliação. Também demonstra, porém, que o QI é no máximo metade da história, mesmo quando olhamos para a população como um todo.

Pessoa a pessoa

Quando se chega aos indivíduos, a situação é ainda menos clara, porque para qualquer indivíduo em particular outros fatores podem se mostrar muito mais importantes. Esses fatores vão de nossa criação e ambiente de infância à nossa motivação pessoal e consciência. Por exemplo, alguém que tenha uma pontuação precária em testes de QI, mas que trabalha com afinco e é perseverante pode com facilidade superar um preguiçoso superinteligente. Mas o fato é que, na população como um todo, isso não costuma acontecer. A resposta curta à pergunta, em suma, é sim, testes de QI medem de fato algo útil no mundo real – sua inteligência e, com ela, uma grande porção do seu potencial para vencer na vida.

OS HOMENS SÃO REALMENTE DE MARTE E AS MULHERES DE VÊNUS?

O livro de John Gray, *Homens são de Marte, Mulheres são de Vênus* (1992), vendeu mais de 11 milhões de exemplares só nos Estados Unidos e foi traduzido para quarenta idiomas. Graças em parte ao assombroso êxito do livro de Gray e de outras obras sobre o mesmo assunto, virou um clichê afirmar que há profundas diferenças de gênero na psicologia. Mas quais são as verdadeiras diferenças entre a mente masculina e a feminina e quanto elas se devem a diferenças entre o cérebro masculino e feminino?

Tons de cinza

O cérebro dos homens é, em média, maior que o das mulheres, mas não há provas de que o mero tamanho do cérebro tenha relação com a personalidade. Dentro do cérebro, no entanto, foram encontradas mais de cem diferenças de gênero. Afirma-se que os homens têm muito mais substância cinzenta em partes do cérebro associadas as capacidades intelectuais, ao passo que as mulheres têm muito mais substância branca. Como a substância cinzenta é composta de células nervosas propriamente ditas, tem-se a impressão de que os homens possuem mais células nervosas enquanto a substância branca é composta de fibras longas e gordurosas, que unem as células nervosas. Isso talvez indique que as mulheres têm mais conexões entre células nervosas.

O que isso significa em termos práticos? Uma sugestão é que a substância cinzenta é melhor para um processamento localizado e assim os homens são melhores para se concentrarem em tarefas singulares, específicas, enquanto a substância branca ajuda no entrelaçamento mental, tornando as mulheres melhores para transitar entre tarefas mentais e, por essa razão, para as multitarefas. No que diz respeito à inteligência global, mais substância branca talvez pareça indicar maior poder de processamento, mas de fato não há diferenças significativas entre os gêneros nas pontuações gerais de QI. De qualquer forma, já existem estudos segundo os quais as mulheres de fato têm mais substância cinzenta.

Cérebro masculino, cérebro feminino

Um estudo de 2001 desenvolvido por pesquisadores de Harvard constatou que, nas mulheres, as partes do cérebro que são maiores incluíam o córtex límbico, que é responsável pela regulagem das emoções, enquanto nos homens o córtex parietal, que está envolvido com a percepção espacial, é em média maior. Tais descobertas parecem estar correlacionadas a diferenças psicológicas: as mulheres são em geral consideradas "mais emotivas" e com certeza pontuam, em média, mais alto em testes de fluência verbal envolvendo discussão acalorada. Os homens pontuam, em média, mais alto em testes de inteligência espacial, como a leitura de um mapa ou a rotação mental de formas.

Há diferenças de gênero muito mais específicas em estruturas cerebrais. Algumas podem explicar por que certas doenças mentais têm um viés de gênero. Por exemplo, os homens têm muito mais probabilidade de sofrer de autismo e esquizofrenia, enquanto depressão e ansiedade crônica são muito mais comuns em mulheres.

Anulando a diferença

Seria, contudo, errado afirmar com convicção que, em termos metafóricos, homens e mulheres são realmente de planetas diferentes. Em primeiro lugar, nem todo mundo concorda que as diferenças entre cérebros sejam tão nítidas. Embora estruturas cerebrais específicas estudadas de modo independente possam variar, isso não significa que todos os cérebros masculinos mostrem um conjunto de estruturas de gênero e os femininos mostrem outra. Como é mais provável que os cérebros individuais tenham uma mistura de características "masculinas" e "femininas", pode ser mais correto descrevê-los como "intersexuais".

Em segundo lugar, não existem elos claros entre estruturas cerebrais diferenciadas e comportamentos diferenciados ou vice-versa. Embora possamos levantar a hipótese de que uma porcentagem mais alta de substância cinzenta de que substância branca no cérebro masculino torne os homens melhores em projetos concentrados numa tarefa e lhes proporcione visão de túnel, é muito difícil provar isso. Em terceiro lugar, distinguir os efeitos dos estereótipos culturais e sociais de diferenças inatas presentes no nascimento (isto é, separar o adquirido do inato) é quase impossível. Por exemplo, há um número muito maior de engenheiros homens devido à taxa de substância cinzenta: a substância branca torna os homens melhores no foco concentrado em problemas de engenharia ou as mulheres é que são desestimuladas, desde a infância, a se interessar por "ciências exatas" como matemática, física e engenharia?

Por fim, a coisa mais importante a avaliar sobre diferenças de gênero é que, no geral, elas são muito menores que as diferenças entre indivíduos (exceções a essa regra são diferenças biológicas óbvias e os estereótipos impostos pela sociedade). Por exemplo, embora os homens possam pontuar, em média, mais alto em testes de leitura de mapas, as diferenças entre as pontuações de qualquer homem e mulher, em particular, vão ser provavelmente similares às diferenças entre dois homens selecionados ao acaso.

INATO OU ADQUIRIDO?

Na peça de Shakespeare, *A Tempestade*, um dos marinheiros que naufragaram cai em cima do selvagem Caliban, que parece resistir a todas as tentativas de civilizá-lo: "Em tua natureza podre, o adquirido jamais se firmará". O debate sobre até que ponto o inato é domado pelo adquirido, ou é superior a ele, ainda se propaga hoje, constituindo um dos tópicos centrais da psicologia.

Nativistas *vs.* empiristas

Na psicologia, os polos do debate inato-adquirido estão representados de um lado pelos nativistas, que acreditam que toda psicologia é determinada por nossa programação genética e, do outro, pelos empiristas, que acreditam que a mente começa como uma *tabula rasa* e que toda cognição e comportamento se derivam da experiência. Os behavioristas (*ver* página 78) eram empiristas, sustentando que todo comportamento é aprendido, ou melhor, condicionado por meio da ação do ambiente sobre o organismo. Freud estava mais próximo do nativismo, sustentando que os impulsos que regem a psique humana e seu desenvolvimento são inatos. Analogamente, o impulso do apego, de Bowlby (*ver* página 125), e o dispositivo de aquisição da linguagem, de Chomsky (*ver* página 81), foram conceitualizados como inatos – incorporados ao nosso cérebro pela biologia, pela evolução e por nossos genes.

Na psicologia moderna, os dois campos são às vezes caracterizados como psicologia evolucionista, do lado do inato, e psicologia cultural, do lado do adquirido. Paul Rozin, da Universidade da Pensilvânia, é um psicólogo que tem um pé em cada campo e, em 2004, explicou: "Basicamente, há uma guerra territorial entre os dois. Moderados em ambos os lados reconhecem que o outro lado tem um papel explicativo legítimo, mas a questão é saber que porção de um papel explicativo. Cada lado quer o pedaço maior da torta".

Um experimento com o inato

O campo em que o debate inato-adquirido tem se difundido com mais força é o da inteligência, no qual o centro da disputa é o grau em que a inteligência (em especial, as pontuações de QI) é determinada pela genética ou pelo ambiente. De fato, perguntar quanto da inteligência de um indivíduo é determinado pela natureza ou pela cultura é cometer um "erro categorial", isto é, fazer uma pergunta absurda. Em 2004, o neuropsicólogo canadense Donald Hebb sugeriu que isso equivalia a perguntar: "O que contribui mais para a área de um retângulo, o comprimento ou a largura?" Mas o que pode ser interrogado é a diferença entre indivíduos e grupos, e o que determina a variação entre eles. A proporção da disparidade entre indivíduos atribuível a diferenças genéticas é denominada estimativa de herdabilidade.

Avaliar a herdabilidade com um experimento iria requerer grupos de teste de crianças a serem criadas sob condições rigorosas, um experimento que esperamos jamais seja realizado (*ver*, no entanto, "De onde vem a linguagem", página 81, para experimentos semelhantes sobre as origens da linguagem). Um notável experimento com o inato, porém, foi muito influente no debate inato-adquirido: estudos de gêmeos idênticos separados ao nascer (*ver* quadro abaixo). Embora nos dias de hoje gêmeos não sejam separados para adoção, no passado isso aconteceu, resultando em indivíduos com genes idênticos vivendo em ambientes diferentes durante sua criação. Se QI e outros atributos fossem determinados pelo ambiente, eles deveriam revelar grandes diferenças, mas se os genes fossem os determinantes, eles deveriam ser de maneira perceptível similares.

Os Gêmeos de Minnesota

Entre os mais conhecidos estudos de gêmeos está o Estudo dos Gêmeos de Minnesota, iniciado por Thomas Bouchard nos anos 1970. Entre os casos extraordinários que ele coletou estavam os "gêmeos Jim", James Lewis e James Springer, separados semanas após o nascimento, cujos relatos de vida parecem ter revelado um grande número de coincidências. Ambos tinham se casado com mulheres de nome Linda e depois se divorciado, então tornaram a se casar com mulheres chamadas Betty. Ambos trabalharam em chefaturas de polícia. Bebiam, fumavam e roíam as unhas da mesma maneira. Seus primeiros filhos foram batizados de James Alan Lewis e James Allan Springer. Até os nomes dos animais de estimação que tiveram na infância eram iguais.

Os estudos dos gêmeos levaram à suposição generalizada de que a estimativa de herdabilidade, pelo menos com relação ao QI, é de 80%. Mas essa estimativa é agora amplamente encarada como falha. Uma razão é que os estudos dos gêmeos em si podem ter sido falhos – muitos dos gêmeos separados de fato tiveram criações e ambientes bastante semelhantes. Nos casos em que os gêmeos tinham sido criados de modo muito diferente, a pontuação do QI de cada um também foi diferente.

Faixa de reação

Uma interpretação das evidências acerca do inato *vs.* adquirido é o conceito da "faixa de reação". É onde nossos genes definem os parâmetros dentro dos quais podemos responder e nos adaptar ao ambiente, mas o ambiente determina onde acabaremos dentro desses parâmetros. Por exemplo, nossos genes para estatura podem definir uma faixa de reação entre 1,75 e 1,85 metro e, se tivermos uma ótima nutrição e saúde em nosso ambiente enquanto estamos crescendo, acabaremos no topo da faixa. Em 1971, Sandra Scarr--Salapatek estimou que, para a maioria das pessoas, a faixa de reação para o QI é de 20 a 25 pontos, significando que é de esperar que a pontuação do QI de qualquer indivíduo chegue a variar 25 pontos dependendo do ambiente ao qual ele foi exposto.

Muitos psicólogos defendem agora que o modo de resolver o debate inato-adquirido é concentrar-se na ação recíproca de biologia e experiência. Está cada vez mais claro que genética, estrutura neurológica, experiência e doença operam como parte de uma complexa malha de *feedbacks*. Um notável exemplo disso é o fato de termos três vezes mais possibilidades de morrer de um infarto se estivermos deprimidos.

A TRISTEZA É UMA DOENÇA MENTAL?

Em 2013, a Associação Americana de Psiquiatria publicou a quinta edição de seu *Manual Diagnóstico e Estatístico de Transtornos Mentais*, conhecido como *DSM-5*. Entre seus muitos aspectos polêmicos estava a remoção de uma cláusula que tinha especificado que pessoas sofrendo com a morte de um ente querido não deveriam ser diagnosticadas com depressão. Isso inflamou uma torrente de manchetes dizendo que os psiquiatras estavam agora chamando o luto de doença mental e que alguém que chorasse a morte de um filho, cônjuge, pai ou mãe por mais de quinze dias seria considerado mentalmente enfermo.

A bíblia da psiquiatria

Para entender a controvérsia é necessário primeiro entender a posição do *DSM*. Normalmente conhecido como "a bíblia da psiquiatria", o *DSM* é um guia para definir e classificar doenças mentais destinado a ajudar psiquiatras, psicólogos e outros profissionais de saúde a se manterem coerentes em seu diagnóstico e tratamento. O *DSM* cobre doenças como esquizofrenia, depressão, transtornos de personalidade, transtorno bipolar e ansiedade. Passou a ter grande influência pois é muito usado nos Estados Unidos e em outros lugares, porque muitos planos de saúde só atendem a uma solicitação se o diagnóstico tem código designado no *DSM* e porque o *DSM* prescreve tratamento. Se uma nova edição do *DSM* abre novas áreas para o tratamento medicamentoso, introduzindo por exemplo um novo transtorno para o qual os antidepressivos são a terapia indicada, as companhias farmacêuticas podem obter enormes lucros com o mercado recentemente criado.

Embora o *DSM* seja elaborado por meio de um processo cuidadoso e exaustivo empreendido e revisto por muitos dos principais profissionais de saúde mental dos Estados Unidos, a maioria de suas edições tem suscitado imensa controvérsia. As mais antigas, por exemplo, classificavam a homossexualidade como uma patologia, enquanto o enorme aumento na prescrição de remédios para doença mental e a extensão da terapia medicamentosa para crianças pequenas, descritos como a medicalização em massa de áreas não patológicas da psicologia, têm sido amplamente imputados ao *DSM-III* e *DSM-IV*. Esse é o contexto para o furor pela remoção da cláusula de "exclusão do luto" no diagnóstico da depressão, que levou a acusações generalizadas de que o *DSM-5* está tentando transformar o luto numa patologia.

Razões para não ficarmos alegres

De fato, muitas dessas acusações são falsas e desorientadoras. Não há, por exemplo, um limite de tempo fixado, após o qual a dor do luto seria considerada patológica. Haviam pedido que o comitê que está por trás do *DSM-5* considerasse por que um diagnóstico de depressão deveria fazer uma exclusão do luto quando não há esse tipo de exclusão para outros eventos traumáticos da vida, como divórcio ou perda de emprego. O simples fato de alguém estar de luto não indica que não possa estar nas garras da depressão clínica. O que o *DSM-5* agora permite é que a dor do luto possa ser considerada uma doença mental quando for prolongada e severa, onipresente e debilitante; e em particular quando estiverem presentes ideias ou comportamentos suicidas. Embora a maioria das pessoas enlutadas mostre reações de dor nos limites de uma escala típica, de 10% a 15% delas têm reações muito severas que podem justificar o tratamento por medicação e aconselhamento.

Defensores da mudança concebem a queda da exclusão do luto como o fim da negativa de que pacientes deprimidos, apenas por estarem de luto, pudessem de fato precisar de recursos de tratamento. Os que se opõem a ela salientam que até 80% dos antidepressivos são prescritos por médicos de assistência básica (por exemplo, médicos de família), não por psiquiatras, e que esses médicos são com frequência muito pressionados, enfrentam limites de tempo e têm pouca experiência da delicada avaliação psicológica necessária para discernir tristeza de depressão. "Prevenir o pior. Se algo pode ser mal usado, será mal usado", advertiu o doutor Allen Frances, que encabeçou a força-tarefa que esteve por trás do *DSM-IV*, publicado em 1994. Falando à National Public Radio nos Estados Unidos, Frances previu: "Não há dúvida de que um diagnóstico pode levar a um superdiagnóstico e supertratamento. Por isso precisamos ser muito, muito cautelosos ao fazer mudanças que possam abrir a porta a uma enxurrada de modismos no diagnóstico".

COMO PODEMOS IDENTIFICAR UM PSICOPATA?

"Psicopatia" é um transtorno da personalidade caracterizado por baixos níveis de empatia emocional, altos níveis de impulsividade, narcisismo e busca de emoções, e um desenfreado desprezo pelas consequências. Um "psicopata" (termo preferido pelos psicólogos clínicos, embora o termo relacionado "sociopata" seja às vezes também usado) é alguém que exibe uma constelação de comportamentos, características e atitudes típicos. De modo hipotético, deveria ser fácil reconhecer uma pessoa tão disfuncional e perigosa; com certeza não teríamos de passar muito tempo na companhia de um *serial killer*, por exemplo, para ter uma boa ideia de sua natureza. Apesar de o uso dos dois termos (psicopata e sociopata) estar indicado de forma associada no verbete "Transtornos da Personalidade Antissocial" no *DSM* de 2013, psicopatas tendem a ser mais meticulosos e frios, enquanto sociopatas se mostram com mais tendências a explosões emocionais, um maior descontrole generalizado e acessos de raiva.

Na verdade, identificar um psicopata não é assim tão fácil. Em primeiro lugar, a psicopatia é um espectro, não uma doença que temos ou não temos. Todos nós estamos localizados em algum ponto desse espectro; um psicopata diagnosticado clinicamente é alguém que está na extremidade. Em segundo lugar, os psicopatas são muito mais comuns do que talvez imaginamos. Cerca de 1% da população tem altos níveis de psicopatia e, embora seja muito mais provável que psicopatas acabem como criminosos, traços de psicopatia podem também contribuir para o sucesso em muitos campos. Suspeita-se, por exemplo, que muitos líderes de grandes negócios sejam bem-sucedidos justamente em virtude, antes que a despeito, de altos níveis de psicopatia. Podemos, então, nos deparar com um psicopata na vida diária ou mesmo estar trabalhando para um!

A máscara de sanidade

Em seu livro de referência *A Máscara da Sanidade*, de 1941, o psiquiatra americano Hervey M. Cleckley identificou 16 características que continuam sendo vistas como os componentes essenciais da psicopatia, entre elas: atração superficial; boa inteligência; inexistência de delírios ou outros sinais de pensamento irracional; ausência de nervosismo; ausência de confiabilidade; falta de veracidade; inexistência de remorso ou vergonha; comportamento antissocial; julgamento precário e incapacidade de aprender com a experiência; inexistência de correspondência nas relações interpessoais; egocentrismo patológico; incapacidade de amar; insuficiência geral das principais ações afetivas; vida sexual impessoal, corriqueira e pouco integrada; incapacidade de seguir um plano de vida.

Com base nisso, o psicólogo criminal Robert Hare criou o que é agora bem conhecido como "Teste do Psicopata", chamado em termos técnicos de "PCL-R" (Psychopathy Checklist-Revised) – uma ferramenta para os terapeutas avaliarem o grau de psicopatia. Os sujeitos são classificados de 0 (não se aplica) a 2 (aplica-se plenamente) em vinte itens de avaliação, entre eles, boa lábia e atração superficial, sentimento grandioso de importância, hábito patológico de mentir, atitude dissimulada ou manipuladora, falta de remorso, superficialidade emocional, insensibilidade e falta de empatia, resistência a aceitar responsabilidade por suas ações, tendência a se sentir entediado, estilo de vida parasita, falta de objetivos realistas a longo prazo, impulsividade, irresponsabilidade, falta de controle do comportamento, problemas de comportamento cedo na vida, delinquência juvenil, versatilidade criminosa, múltiplos casamentos e comportamento sexual promíscuo. A mais alta pontuação possível é quarenta, mas qualquer um que supere a marca de trinta se qualificaria para o diagnóstico clínico de psicopatia. Hare aconselha que o teste não seja usado por não profissionais para tentar um diagnóstico amador.

O teste do psicopata

Você pode ter uma noção aproximada de onde se encaixa no espectro da psicopatia com o teste compacto abaixo. Marque 0 para total desacordo, 1 para mais ou menos de acordo e 2 para de total acordo.

Regras são para bundões.

Trato de me manter na frente – afinal, é um mundo cão come cão.

Não há nenhum mal em mentir se isso faz você conseguir o que quer.

Responsabilidades são um fardo inútil.

Nunca me arrependo de nada.

Vivo para o momento: o passado já foi e o futuro pode cuidar de si mesmo.

Posso ser muito charmoso quando quero.

Ajo com frequência sob o impulso do momento.

Tive minha cota de problemas com as autoridades.

Fico entediado com facilidade.

Quem teve uma pontuação acima de 15 pode ser classificado como portador de tendências psicopáticas, embora isso só possa ser confirmado por um psicólogo clínico ou um profissional de saúde mental equivalente.

O QUE É NORMAL?

O aspecto médico da psicologia – a área em que os psiquiatras (médicos que se especializam em saúde mental) atuam – é às vezes chamada de psicologia anormal. De modo um tanto circular, a psicologia anormal é definida como o estudo do comportamento e da cognição anormais. Mas definir anormalidade significa definir ou estabelecer limites para a normalidade.

"Os quatro Ds"

A questão do que constitui o anormal e do que é normal é muito importante tanto na teoria quanto na prática. É a base do *Manual Diagnóstico e Estatístico de Transtornos Mentais (DSM-5)* e de todos os outros sistemas de diagnóstico, administrando as premissas da saúde e o tratamento de milhões de pessoas. Não há uma definição universalmente aceita de anormal, mas a maioria dos profissionais concorda com uma abordagem administrada "pelos quatro Ds": *deviance* [desvio], *distress* [angústia], *dysfunction* [disfunção] e *danger* [perigo].

"Desvio" se refere a pensamentos e comportamentos considerados como desvios de normas sociais, embora esse critério esteja de modo imprescindível repleto de subjetividade cultural e histórica. A homossexualidade e o feminismo foram e ainda são considerados desviantes em muitas sociedades e culturas. Circunstâncias específicas também podem alterar o que deve ser considerado normal pela sociedade; por exemplo, um surto de violência pode ser considerado normal em circunstâncias extremas, como uma situação de guerra. Reações extremas a circunstâncias extremas são, sem dúvida, mais "normais" que reações comedidas.

Maníacos e ultramaratonas

A "angústia" se refere à noção de que pensamentos e comportamentos incomuns têm de provocar angústia antes que possam ser considerados anormais. Algumas pessoas se sujeitam a jejuns extremos, regimes purgantes, autoflagelação física e danças exaustivas para participar de rituais místico-religiosos; são comportamentos incomuns, mas podem proporcionar enorme satisfação espiritual. Se lemos sobre um homem que se obrigou a percorrer, dia após dia, um deserto escaldante com os pés cheios de bolhas, podemos pensar que ele era mentalmente enfermo, mas e se descobrirmos que ele estava participando de uma ultramaratona, como a Maratona de Sables (realizada no deserto do Saara), em que os participantes correm o equivalente a cinco maratonas e meia em cinco ou seis dias? Outro cenário desconcertante é quando uma falta de angústia, na forma de um desproporcionado senso de bem-estar, é de fato sintoma de um transtorno mental, como na mania, caracterizada por extrema euforia.

Lista de verificação da excentricidade

David Weeks, que realizou um estudo crucial sobre excêntricos em 1995, estimou que cerca de duas em 10 mil pessoas se qualificam como "excêntricos clássicos, de tempo integral". Verifique a lista abaixo: ter dez ou mais dessas características nos classificaria como excêntricos.

Não conformista

Criativo

Extremamente curioso

Idealista

Prazerosamente obcecado por um *hobby* (ou mais de um)

Consciente de ser diferente dos outros desde os primeiros anos da infância

Inteligente

De convicções firmes e fala sem rodeios

Não competitivo

Hábitos incomuns de alimentação ou de estilo de vida

Falta de interesse pelos outros ou por estar com eles

Senso malicioso de humor

Solteiro

Filho mais velho ou filho único

Com escrita ruim

"Disfunção" se refere ao impacto de pensamentos e comportamentos na vida cotidiana. Imaginemos alguém que tem alucinações intensas, mas nenhuma dificuldade em manter o funcionamento saudável da vida familiar e do trabalho: essa pessoa é mentalmente enferma? O "perigo" é visto como o sinalizador supremo da anormalidade, indicando um comportamento que faz uma pessoa ser um perigo para si mesma ou para os outros. Mas isso é muito raro e, assim, não se aplicará à grande maioria dos casos.

Como podemos ver, a maior parte dos critérios de julgamento dos "quatro Ds" levanta problemas e ambiguidades, mas pode formar a base para decidir sobre intervenções, que talvez sejam extremas e invasivas. Uma das categorias mais problemáticas é a do indivíduo excêntrico: alguém cujo comportamento é desviante e, às vezes, disfuncional, mas que não precisa de tratamento. Os excêntricos são diferenciados dos que têm transtornos mentais por questões como liberdade de escolha e satisfação (*ver* quadro na página 177).

POR QUE OS SOLDADOS TÊM *FLASHBACKS*?

Flashbacks são um sintoma das condições conhecidas como "transtorno de estresse agudo" e "transtorno de estresse pós-traumático" (TEPT), que são provocados por exposição a trauma, como combate, estupro, desastres, maus-tratos, assaltos ou acidentes.

Choque de bombardeio e fadiga de combate

Transtornos de ansiedade relacionados ao combate, que se manifestam durante a batalha, têm sido identificados, de uma forma ou de outra, há centenas de anos. Durante a Guerra Civil Americana, eram conhecidos como "nostalgia", porque se acreditava que a saudade era a raiz do problema. Na Primeira Guerra Mundial, acreditava-se que o "choque de bombardeio" tinha uma causa orgânica devido a minúsculas hemorragias cerebrais ou concussões causadas por explosões e, na Segunda Guerra Mundial e na Guerra da Coreia, dizia-se que os soldados afetados estavam sofrendo de "fadiga de combate". O reconhecimento dos transtornos de ansiedade e depressão que ocorrem e persistem após o combate só emergiu na esteira da Guerra do Vietnã, quando se tornou evidente que até 29% dos veteranos de guerra – e até 80% dos veteranos prisioneiros de guerra – tinham sofrido severos sintomas depois de voltar para casa. Esses sintomas foram por fim classificados como transtorno de estresse agudo ou TEPT.

O transtorno de estresse agudo é uma ansiedade e/ou depressão severa que começa dentro de um prazo de quatro semanas após um evento traumático e dura menos de um mês, ao passo que se os sintomas persistirem por mais de um mês, o diagnóstico muda para TEPT. O TEPT pode começar logo após um evento ou muitos anos mais tarde e persistir indefinidamente. Um estudo de 2009 publicado no *Journal of the American Geriatrics Society*, que entrevistou 157 veteranos da Segunda Guerra Mundial que tinham sido prisioneiros de guerra, constatou que eles ainda tinham memórias traumáticas e níveis críticos de TEPT 65 anos após o cativeiro.

Sintomas de TEPT

O transtorno de estresse agudo e o TEPT diferem apenas em termos de desencadeamento e duração. Os sintomas são idênticos, incluindo *flashbacks*, comportamento esquivo, reatividade reduzida (levando ao chamado "entorpecimento psíquico" e à "dissociação" ou "separação psicológica"), sensibilidade aumentada, problemas de concentração e sentimentos de culpa.

Os *flashbacks* ou novas experiências do evento traumático podem ocorrer por meio de sonhos, memórias durante o estado de vigília ou mesmo alucinações muito nítidas que fazem a pessoa reviver o evento como se ele estivesse acontecendo naquele momento. Esses *flashbacks* podem ser desencadeados por uma enorme gama de estímulos. Estudos com veteranos do Vietnã vítimas de TEPT mostraram que acontecimentos banais, como dias quentes ou chuvaradas repentinas, reminiscentes das condições climáticas no Vietnã, podiam causar *flashbacks*, assim como cenas de combate em alguma mídia. Os portadores de TEPT trabalham com frequência para evitar possíveis estímulos desencadeadores, alterando, em função disso, seu pensamento e comportamento.

O que acontece no cérebro dos soldados que vivenciam esses *flashbacks*? Um estudo com imagens cerebrais, de 2008, mostrava que o cérebro de pessoas com transtornos relacionados ao estresse não só tem de trabalhar com mais intensidade para cumprir tarefas de memória, como também é menos ativo durante uma tarefa de supressão do que o cérebro de pessoas saudáveis. De fato, quando lhes pediam para não pensar em nada, os portadores de transtornos relacionados ao estresse mostravam menos atividade no córtex pré-frontal, sugerindo problemas com as partes do cérebro responsáveis por impedir que memórias traumáticas viessem à tona.

Flashbacks podem ser extremamente assustadores e desencadear comportamentos perigosos. Uma história narrada na revista *Psychology Today* fala de um veterano do Vietnã que estava dirigindo numa via expressa quando um helicóptero voou baixo em cima dele. Antes de perceber o que estava fazendo, ele tinha parado, pulado do carro e se jogado numa vala, pois um *flashback* desencadeara uma reação automática de procurar "cobertura". Conselhos sobre como lidar com um *flashback* incluem tentar regular a respiração, se agarrar ao presente pelo uso dos cinco sentidos e até mesmo bater literalmente com os pés no chão.

É MELHOR SENTIR UM POUCO MENOS?

A maior novidade em saúde mental desde a década de 1970 foi o crescimento explosivo da terapia com medicamentos. Efeitos colaterais, monitoramento precário e eficácia duvidosa são importantes pomos da discórdia com relação à terapia psiquiátrica com medicamentos, mas também existem objeções mais profundas, filosóficas, ao uso de medicamentos para tratar de problemas como tristeza, melancolia, ansiedade, mania e hiperatividade. Esses problemas podem ser vistos como aspectos extremos, mas naturais da condição humana, levantando questões sobre se é certo medicá-los.

Zumbis e as Esposas de Stepford

O uso de antidepressivos nos Estados Unidos aumentou em quase 400% entre os anos 1990 e 2011, segundo o Centro Nacional de Estatísticas de Saúde e os Centros de Controle e Prevenção de Doenças, com 11% dos norte-americanos com mais de 12 anos de idade fazendo uso de um antidepressivo e cerca de 14% tomando o remédio há mais de 10 anos. Um dos muitos efeitos colaterais relatados pelo uso de antidepressivos, em particular da classe conhecida como SSRIs* (que afeta o modo como os neurônios lidam com o mensageiro químico serotonina), é uma espécie de embotamento ou opacidade emocional, conhecido em termos técnicos como "sentimento raso". Isso acontece com 10% a 20% dos pacientes que tomam SSRIs (o que inclui o Prozac).

Os pacientes descrevem que se sentem entorpecidos, desligados, prostrados e até mesmo, em casos extremos, zumbificados. Embora relativamente raras, essas experiências têm alimentado a concepção popular do Prozac como algo de certa forma avesso à diversidade da experiência e emoção humanas, transformando aqueles que o tomam em "As Esposas de Stepford".** O Prozac é também acusado de sufocar a criatividade, o que traz a implicação de que os extremos de humor são necessários para a verdadeira criatividade.

Em vista de tais experiências, muitas pessoas que atuam dentro e fora da área de saúde mental mostram-se seriamente céticas acerca das virtudes da terapia com medicamentos. Os medicamentos aliviam sintomas ou suprimem sentimentos? Devíamos de fato tentar reprimir sentimentos, mesmo os angustiantes? A lógica subjacente da terapia com medicamentos está baseada em parte na alegação de que transtornos mentais, como a depressão, acontecem por causa de desequilíbrios químicos no cérebro. Na realidade não há prova definitiva de que isso seja verdade e há pouca compreensão do que isso pode significar na prática. Não há, por exemplo, qualquer teste que possamos fazer para verificar nosso

---

* Sigla em inglês para "inibidores seletivos da recaptação da serotonina". (N.T.)
** Referência ao filme de mesmo nome, lançado no Brasil em 1975 com o título *Esposas em Conflito* e girando em torno da estranha apatia que tomava conta das mulheres da cidade de Stepford. (N.T.)

"equilíbrio" neuroquímico. Depressão e outros transtornos têm dimensões psicológicas, sociais e espirituais; como pode a terapia com medicamentos lidar com elas?

Os filósofos tiveram muita coisa a dizer sobre a questão. Por exemplo, em *Imitação de Cristo* (c. 1418-1427), o monge alemão Tomás de Kempis opinou: "É bom se deparar de vez em quando com problemas e adversidades; pois o problema com frequência compele um homem a examinar seu coração". Boécio, um filósofo romano do início da Idade Média, foi um dos muitos que sustentaram que a adversidade é formadora do caráter, afirmando que: "Boa sorte ilude; sorte adversa ensina".

Calvinismo farmacológico

Mas o argumento tem outro lado. O movimento reprovando pessoas que se atreviam a medicar sintomas angustiantes foi rotulado pela primeira vez de "calvinismo farmacológico" pelo doutor Gerald Klerman em 1972. A medicação é encarada como a saída fácil e um sinal de fraqueza moral e/ou temperamental. Esse ponto de vista um tanto ascético considera o pipocar das pílulas um meio de fugir do árduo trabalho de aperfeiçoamento espiritual. Até certo ponto, isso implica uma abordagem dualista da psicologia, em que a mente é vista como separada do corpo e sua materialidade é negada. Se a mente é imaterial, os problemas mentais não podem ter causas orgânicas – e, por extensão, não podem ser tratados com medicamentos ou qualquer outra terapia material.

Muitos psicoterapeutas destacam a abordagem pragmática da terapia com medicamentos. O doutor Ron Pies, professor clínico de psiquiatria da escola de medicina da Universidade Tufts, em Boston, lembrou em 2009 que "a depressão em si leva com frequência a um embotamento da reatividade emocional e a uma

incapacidade de sentir os prazeres e dores normais da vida...
[pondo] a questão dos efeitos colaterais antidepressivos em perspectiva: até que ponto os efeitos colaterais podem ser maus em
comparação com a depressão severa em si?" Pies desenvolve a
homilia de que "a medicação é apenas uma ponte entre sentir-se
péssimo e sentir-se melhor. Você ainda precisa mover as pernas
e atravessar a ponte!". Quanto à ideia de que a terapia com medicamentos mina a base da criatividade, ela é decididamente re-
futada pelos muitos artistas que afirmam o extremo oposto. Há
inclusive um livro inteiro, *Poets on Prozac* (2008), dedicado a dis-
sipar esse mito.

LEITURA ADICIONAL

Bayne, Tim (org.), *Oxford Companion to Consciousness* (OUP, 2009).

Comer, Ronald J., *Abnormal Psychology*, 8ª edição (Worth Publishers, 2012).

Craighead, W. Edward (org.), *Concise Corsini Encyclopaedia of Psychology and Behavioral Science* (Wiley, 2004).

Davey, Graham, *Encyclopaedic Dictionary of Psychology* (Hodder Education, 2006).

Gregory, Richard (org.), *The Oxford Companion to the Mind*, 2ª edição (OUP, 2004).

Harre, Rom, *Key Thinkers in Psychology* (Sage, 2005).

Hopkins, Brian (org.), *Cambridge Encyclopaedia of Child Development* (Cambridge, 2005).

Kurtz, Lester (org.), *Encyclopaedia of Violence, Peace and Conflict* (Elsevier, 2008).

Levy, Joel, *Why? Answers to Everyday Scientific Questions* (Michael O'Mara Books, 2012).

McLeish, Kenneth (org.), *Bloomsbury Guide to Human Thought* (Bloomsbury, 1993).

Nadel, L., *Encyclopaedia of Cognitive Science* (Wiley, 2002).

Rosario, V. A. e Pillard, Richard, *Homosexuality and Science: A Guide to the Debates* (ABC-CLIO, 2002).

Sheehy, N. *et al.* (orgs.), *Biographical Dictionary of Psychology* (Routledge, 1997).

Scientific American: The Hidden Mind (2002).

Skelton, Ross (org.), *Edinburgh International Encyclopaedia of Psychoanalysis* (Edinburgh University Press, 2010).

American Psychological Association: www.apa.org

Bethlem Museum of the Mind: museumofthemind.org.uk

International Society for the Study of Trauma and Dissociation: www.isst-d.org

Learning Theories: www.learning-theories.com

Psych Central: psychcentral.com

Psychology Today: www.psychologytoday.com

Simply Psychology: www.simplypsychology.org

The History of Phrenology on the Web: John van Wyhe; www.historyofphrenology.org.uk

The Psychologist: Journal of the British Psychological Society; www.thepsychologist.org.uk

PRÓXIMOS LANÇAMENTOS

Editora Cultrix
SÃO PAULO

Para receber informações sobre os lançamentos da
Editora Cultrix, basta cadastrar-se no site:
www.editoracultrix.com.br

Para enviar seus comentários sobre este livro,
visite o site www.editoracultrix.com.br ou mande
um e-mail para atendimento@editoracultrix.com.br